新能源汽车专业技能型紧缺人才培养教材

Xinnengyuan Qiche Weihu

新能源汽车维护

黄辉镀　胡军钢　**主　编**
全乐霞　王晓华　陈青俊　**副主编**

人民交通出版社股份有限公司
China Communications Press Co.,Ltd.

内 容 提 要

本书为新能源汽车专业技能型紧缺人才培养教材之一。全书共 8 个项目,21 个学习任务,内容主要包括:新能源汽车维护工作流程介绍、高压安全防护与维护工具使用、新能源汽车的使用与充电、新能源汽车各主要部件的检查与维护等。

本书可作为职业院校新能源汽车专业(方向)的教学用书,也可作为新能源汽车服务企业技术人员的培训用书。

图书在版编目(CIP)数据

新能源汽车维护/黄辉镀,胡军钢主编. —北京:

人民交通出版社股份有限公司,2019.11

ISBN 978-7-114-15829-2

Ⅰ.①新… Ⅱ.①黄… ②胡… Ⅲ.①新能源—汽车
—车辆修理—教材 Ⅳ.①U469.7

中国版本图书馆 CIP 数据核字(2019)第 199869 号

书　　名:**新能源汽车维护**

著 作 者:黄辉镀　胡军钢

责任编辑:翁志新

责任校对:张　贺

责任印制:刘高彤

出版发行:人民交通出版社股份有限公司

地　　址:(100011)北京市朝阳区安定门外外馆斜街 3 号

网　　址:http://www.ccpcl.com.cn

销售电话:(010)59757973

总 经 销:人民交通出版社股份有限公司发行部

经　　销:各地新华书店

印　　刷:北京市密东印刷有限公司

开　　本:787×1092　1/16

印　　张:12.25

字　　数:202 千

版　　次:2019 年 11 月　第 1 版

印　　次:2024 年 2 月　第 3 次印刷

书　　号:ISBN 978-7-114-15829-2

定　　价:30.00 元

前　言

　　随着我国《节能与新能源汽车产业发展规划(2012—2020年)》的发布实施,政府各项扶持政策的出台,新能源汽车推广应用的步伐逐渐加快,企业也加大了对新能源汽车的投入,各大汽车厂商纷纷推出新能源车型。未来几年是新能源汽车的快速增长期,社会对掌握新能源汽车技术的技能型人才需求将不断增加。当前,新能源汽车专业技能型人才的缺口很大,是名副其实的"紧缺"人才。职业院校作为技能型人才培养的主体,为行业培养和输送急需的技能人才,责无旁贷。

　　近年来,不少开设汽车类专业的职业院校新增了新能源汽车运用与维修专业(方向),但适合教学的专业教材少之又少。2017年,广东省的十几所高级技工学校(技师学院)、中职学校在经过了大量调研和多次研讨之后,决定联合人民交通出版社股份有限公司及相关企业,成立"新能源汽车专业技能型紧缺人才培养规划教材编委会",编写出版"新能源汽车专业技能型紧缺人才培养规划教材"。同年9月,在广州市轻工技师学院召开了教材编写启动会,确定了整套教材的课程体系、名称、编写大纲及编写分工。

　　本套教材紧紧围绕新能源汽车的核心技术——"三大电"(电池、电机、电控)和"三小电"(电控空调、电控转向、电控制动),重视基础、强化实践,并注重培养学生的安全观念、职业素养和学习能力,力争使学生成为具有可持续发展能力的高素质技能型人才。

　　本书是本套教材中的一本,其编写分工如下:陈青俊编写项目一、项目五;全乐霞、施胡超编写项目二、项目八;王晓华编写项目三、项目七;黄辉镀、黄伟业编写项目四、项目六。全书由黄辉镀、胡军钢统稿并担任主编。

　　限于编者水平,书中难免有错误和疏漏之处,恳请广大读者提出宝贵意见,以便进一步修改完善。

新能源汽车专业技能型紧缺人才培养教材编委会
2019年3月

目 录

项目一　新能源汽车售后服务认知

学习任务1　认识新能源汽车维护工作流程

学习目标

完成本学习任务后,你应当达到如下目标:

1. 通过查找相关资料,能叙述汽车维修服务的流程;
2. 能叙述新能源公司维护相关政策和整车质保项目;
3. 能完成车辆维修与保养的工作任务;
4. 能在工作过程中,注重安全、环保、节约意识,为车主提供合理用车建议。

建议课时

2课时。

任务描述

小明同学被一家北汽4S店录用,岗位是服务顾问助理,在上班之前他想了解新能源汽车维护的工作流程,请你试着帮忙解答他的问题。

一、信息收集

1. 新能源汽车维护岗位要求及工作职责

汽车维护工作需要不同岗位人员共同参与完成,相应的工作职责见表1-1。

新能源汽车维护岗位要求及工作职责　　表 1-1

序号	岗 位	工 作 职 责
1	车辆引导员	引导顾客停车,并将顾客引导到服务前台
2	服务顾问	与顾客进行细致的沟通,接受工作任务
3	车间主管	管理车辆维修人员,分配工作任务
4	维修技师	进行维护、修理等工作
5	配件管理员	准备车辆维修所需要的备料,预约、调拨配件
6	结算员	完成费用结算工作

2. 新能源汽车维护工作的效果

针对完成车辆维护的工作任务,应达到如下工作效果。

(1)预约:与顾客建立良好的关系,缩短顾客等待时间。

(2)接待:一个顾客如约来到店维护车辆,发现一切工作准备就绪,服务顾问正在等待他的光临,这会让顾客感到很愉快。这恰恰也是顾客又一次对维修企业建立良好信任的开端。

(3)工作分配:顾客的车辆得到迅速、优质的维护,顾客满意度和忠诚度得到提升。

(4)维修:服务顾问待顾客签字确认维修工单后,将维修工单交给维修车间。车间维修技师根据维修工单的要求,按要求正确使用工具和维修资料,对所有车辆机械装置和车身各部件执行高质量的维护,使车辆恢复出厂时的参数,达到质量要求,确保顾客的满意。

(5)最终检查:车辆在车间完成维修后,经过了技术人员严格的自检、班组组长复检和车间主管/质检技术员的终检,维修质量得到了保障。确保能让顾客满意。

(6)交付:在顾客来接车之前,服务顾问应把结算单打印好。顾客到店后,服务顾问接待顾客,向顾客说明车辆的维修情况和结算单内容。这样做是为了尊重顾客的知情权,消除顾客的疑虑,让顾客明白消费,提高顾客满意度。

(7)维修后续工作:维修后续工作是维修服务流程中的最后一个环节,一般通过电话访问的方式进行。较好的后续跟踪服务,一方面能够掌握售后服务中心维修业务存在的不足,另一方面又能够更好地了解顾客的期望和需求,接受顾客和社会监督,增强顾客的信任度。

3. 新能源汽车生产企业维护相关政策

(1)维护政策。

以北汽新能源公司为例,公司为客户提供前 4 次车辆免费维护,见表 1-2。

北汽新能源公司维护政策　　　　　　表 1-2

维护间隔里程表				
维护类型	维护项目	累计行驶里程（km）		
		10000	20000	以此类推，前 4 次免费维护
A 级维护	全车维护	√		
B 级维护	高压、安全检查		√	

（2）整车质保。

北汽新能源公司整车质保项目见表 1-3。

北汽新能源公司整车质保项目　　　　　表 1-3

车型	零部件分类	主要零部件名称	质保时间/里程
北汽新能源公司销售车型	基础件	车身骨架、副车架、前后纵梁、左右前后车门本体	10 年/20 万 km
	核心件	驱动电机及控制器、动力蓄电池、整车控制器、车载充电机、空调压缩机及控制器、电动助力转向机及控制器、DC/DC 转换器、高压控制盒	6 年/15 万 km SK 电池车辆：6 年/20 万 km
	一般件	基础部件、核心部件和易损件以外的其他零部件	运营车辆：1 年/10 万 km 非运营车辆：3 年/8 万 km
	易损易耗件	如空调滤清器、制动摩擦片、轮胎、灯泡、刮水器、熔断器及普通继电器(不含集中控制单元)、蓄电池、遥控器电池等	6 个月/5000km

二、任务实施

(一) 准备工作

1. 服务顾问使用的工具材料

（1）服务顾问用文件夹，其中有名片、笔和接车单等。

（2）接待台、接待椅、计算机、打印机、四件套、计算器、资料盒、电话、车辆维修任务进度管理板和维修接待办公软件等。

2. 维修技师使用的工具

维修技师使用的工具有车辆检测仪器，例如解码仪和万用表等（表 1-4）。

维修技师使用的工具 表1-4

图示			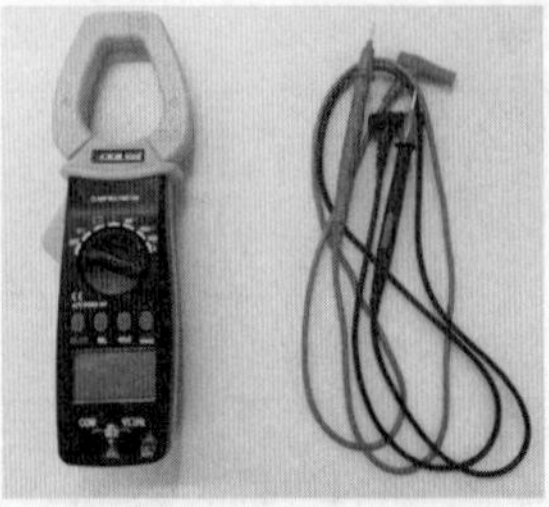
名称	智能测试仪	兆欧表	钳形电流表
图示	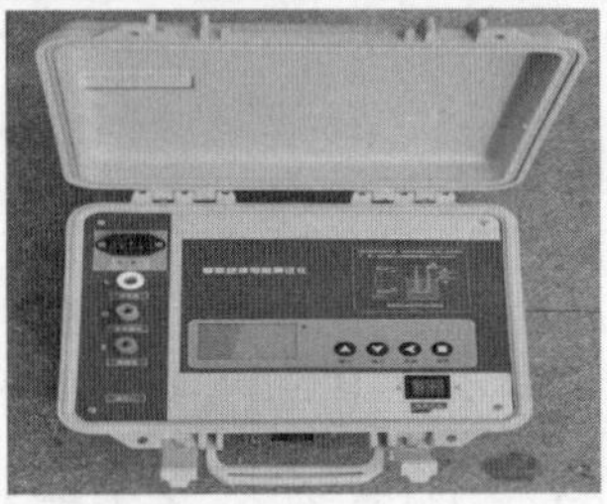	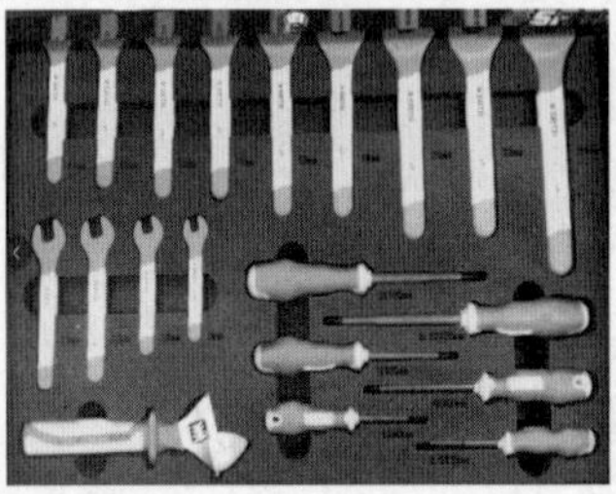	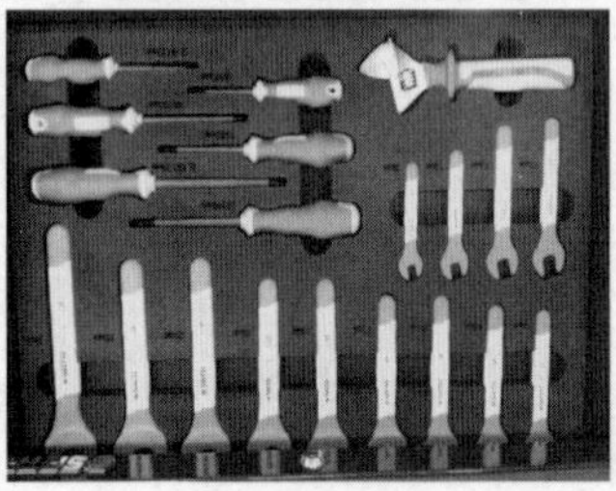
名称	绝缘测试仪	扳手	螺丝刀

(二)新能源汽车维护工作流程七步骤

为实现企业工作条理的规范性,工作人员售后的详细工作流程如下。

1. 预约

(1)接到顾客的预约电话。

(2)询问顾客姓名、电话、车型、具体维护项目及期望的预约时间等,填写预约电话登记表。

(3)预约日期是否满意,如果不满意,重新约定维护时间;若满意,确定约定的维护时间,并填入预约排班表。

(4)根据情况告知顾客大致维护费用和时间。

(5)结束电话预约,并向顾客致谢。

2. 接待

(1)车辆进入预约中心。

(2)引导员引导顾客停车,并将顾客引导到服务前台。

(3)是否预约(图1-1)。

(4)建立顾客车辆档案资料。

(5)倾听、记录顾客描述情况。

(6)环车检查、故障诊断。

(7)是否诊断出故障(图1-2)。

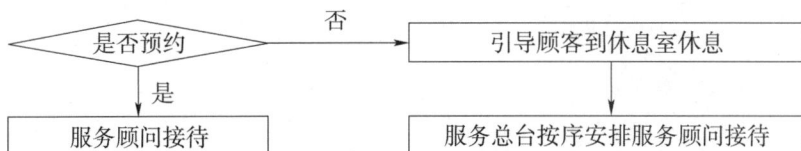

图1-1　接待流程（一）

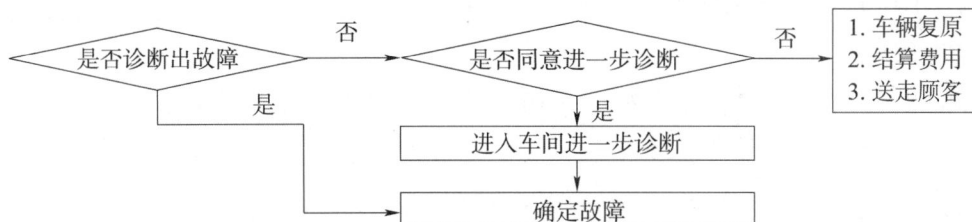

图1-2　接待流程（二）

（8）查询配件是否有库存，如果有，进行第（9）步；如果无库存，预定、调拨（须征得顾客同意）。

（9）估计费用、工时。

（10）打印工单、维修合同（协议），并请顾客签字确认。

（11）安排顾客休息或送走顾客。

3．工作分配

管理员和领班根据完成工作所要求的时间和技术水平分配任务。

4．维修

（1）车辆到工位。

（2）在车辆上安放翼子板罩。

（3）领料，如果缺货，需要进行无货登记；如果有货，进行第（4）步。

（4）开始维修工作。

（5）有无增减维修项目，如果顾客同意增加或减少项目，需顾客确认；如果无增减维修项目进行第（6）步。

（6）维修技师签字。

5．最终检查

（1）技术员进行最后检查。

（2）技师领队向管理员/领班确认工作完成。

（3）管理员/领班向业务人员确认工作完成。

6．交付

（1）服务顾问接到车间可交车的通知。

（2）确认车辆已被修理和清洗完毕后通知顾客。

（3）服务顾问迎接顾客。

（4）主动带顾客至完工车辆旁。

（5）陪同顾客查看车辆修理情况。

（6）陪同顾客验车（必要时同顾客一起试车）。

（7）向顾客出示旧件。

（8）旧件是否带走，如果否，交回服务中心；如果是，为顾客包装好，放在顾客指定的位置。

（9）为顾客解释最终的修理费用和配件费用。

（10）打印最终结算单和车辆使用提醒，开发票结账。

（11）礼貌送走顾客。

7. 维修后续工作

（1）顾客提车后 3 日内打电话询问维修和服务质量。

（2）顾客是否满意，如果满意，按第（3）步进行；如果不满意，按下面步骤进行（图 1-3）。

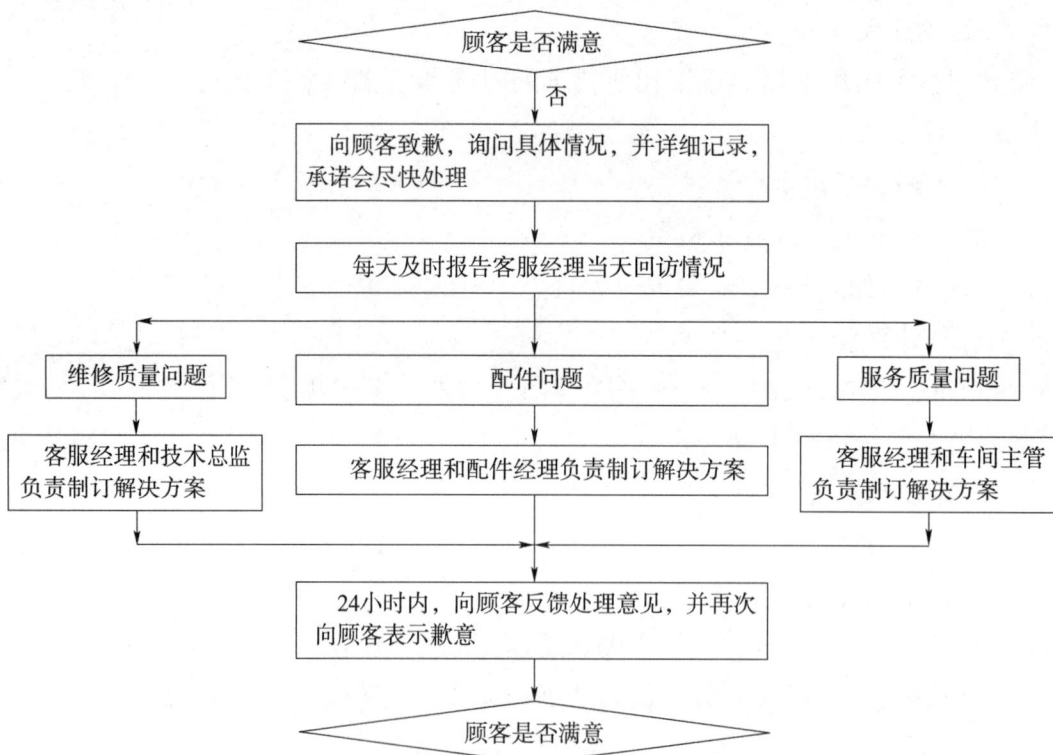

图 1-3　维修后续工作

(3)提醒顾客下次维护时间。

(4)将跟踪回访的情况记录于跟踪回访服务表中。

三、任务测试（工作页）

（一）资讯收集

1. 填空题

(1)汽车维修服务的流程大致可分为七步：_____、_____、工作分配、_____、_____、维修交付、_____。

(2)新能源汽车维护岗位应配备：车辆引导员、_____、_____、维修技师、_____、结算员。

2. 判断题

(1)预约环节中业务人员应仔细倾听顾客的维修要求，并记录维修类型/日期/时间/估算。　　　　　　　　　　　　　　（　　）

(2)维修环节中维修技师可根据维修难度自己调整工作进度。　（　　）

(3)维修交付环节中业务人员不必将更换的零部件给顾客查看，可自行处理。　　　　　　　　　　　　　　　　　　　（　　）

(4)维修后续工作中业务人员应确认顾客对所完成的工作完全满意。（　　）

3. 不定项选择题

(1)维修交付环节中业务人员应向顾客说明的工作有（　　　）。

A.确认工作已经顺利完成　　　B.将更换的零部件展示给顾客看

C.说明完成的工作以及益处　　D.提供详细的发票说明

(2)服务顾问使用的工具材料包括（　　　）。

A.名片、笔和接车单　　　　　B.计算机、打印机、四件套

C.计算器、资料盒、电话　　　D.车辆维修任务进度管理板

(3)维修环节中维修技师应做到（　　　）。

A.接收/检查修理单　　　　　B.接收用于修理的订购零件

C. 在允许的时间内进行工作　D.向技师领班确认工作完成

（二）计划决策

请各小组分工合作，充分考虑可行性、经济性、环保性要求，制订新能源汽车维护方案。

（三）任务实施

请严格按汽车维修服务流程的七步法（表1-5），进行车辆维护工作。

汽车维修服务流程 表1-5

汽车维修服务流程		是否正常
一、车辆维修前的准备项目		
1	顾客使用的工具材料	是□ 否□
2	服务顾问使用的工具材料	是□ 否□
二、汽车维修服务流程的七步法		
预约	接到顾客的预约电话，填写预约电话登记表	是□ 否□
	确定约定的修理时间并填入预约排班表	是□ 否□
	根据情况告知顾客大致维修费用和时间	是□ 否□
	结束电话预约并向顾客致谢	是□ 否□
	配件部备件，车间派工	是□ 否□
接待	车辆引导员引导顾客停车	是□ 否□
	服务顾问接待	是□ 否□
	建立顾客车辆档案信息	是□ 否□
	倾听、记录顾客描述故障	是□ 否□
	换车检查、故障诊断	是□ 否□
	查询配件是否有库存	是□ 否□
	估计费用、工时	是□ 否□
	移交工单、车钥匙等给调度员	是□ 否□
工作分配	管理员和领班根据完成工作所要求的时间和技术水平分配任务	是□ 否□
维修	对车辆进行安全防护	是□ 否□
	开始维修工作	是□ 否□
	有无增减维修项目	是□ 否□
	顾客签字、技师登记	是□ 否□

续上表

汽车维修服务流程		是否正常
最终检查	进行最后检查	是□　否□
	向管理员/领班确认工作完成	是□　否□
	向业务人员确认工作完成	是□　否□
交付	确认车辆已被修理和清洗完毕后通知顾客	是□　否□
	陪同顾客查看车辆修理情况	是□　否□
	向顾客出示旧件	是□　否□
	给顾客解释最终的修理费用和配件费用	是□　否□
	礼貌送走顾客	是□　否□
维修后续工作	顾客提车后3日内打电话询问	是□　否□
	提醒顾客下次维护时间	是□　否□
	将跟踪回访服务的情况记录于跟踪回访服务表中	是□　否□

(四)评价反馈

评价反馈见表1-6。

评 价 表　　表1-6

评价项目	考核标准	完成效果				自评(25%)	组评(25%)	师评(50%)
		优秀	良好	一般	需努力			
任务完成过程(40)	作业前后的6S管理	5	4	3	2			
	对存疑问题点有所记录,在课堂上积极提问,并解决存疑的问题	5	4	3	2			
	成果报告	10	8	6	4			
	工艺卡(实施方案)	10	8	6	4			
	信息查询能力和工作页完成情况	5	4	3	2			
	工具设备选用、安装方法合理正确,能处理完成任务过程中出现的突发问题	5	4	3	2			
任务质量(30)	维护是否全面到位	15	8	3	2			
	能否解决顾客问题	15	8	6	4			
团队协作(15)	积极参与讨论、有协作精神、为其他同学提供帮助	5	4	3	2			
	在学习中提出独特的见解,帮助本组同学解决学习难题	10	8	6	4			

评价项目	考核标准	完成效果				自评(25%)	组评(25%)	师评(50%)
		优秀	良好	一般	需努力			
学习情况(15)	出勤情况良好,无缺勤,无迟到、早退	5	4	3	2			
	课内外均有参与学习活动	5	4	3	2			
	遵守课堂纪律,有良好的行为习惯,无损坏设备	5	4	3	2			
合计								
教师建议:								

学习任务 2 接受顾客委托和环车检查

学习目标

完成本学习任务后,你应当达到如下目标:

1. 通过查找相关资料,掌握服务顾问的工作要求;

2. 能叙述服务顾问的工具材料和接待的服务流程;

3. 能完成接待和环车检查工作任务;

4. 能在工作过程中,注重安全、环保、节约意识,为车主提供合理用车建议。

建议课时

2 课时。

任务描述

顾客张先生经电话预约需要对其车辆——比亚迪 e5 做 5000km 定期维护,预计 30min 后到店,你作为服务顾问应如何完成张先生的接待和环车检查工作任务?

一、信息收集

1.接受顾客委托

服务顾问是现代汽车维修企业的重要角色,是维修服务品质体现的窗口,要求其不仅要有扎实的专业知识和业务能力,而且需要敏捷的思维和宽阔的胸怀,同时还应掌握一定的心理学知识,只有这样的服务顾问,才能使顾客放心修车,花钱舒坦,才能使公司的业务与日俱增。

服务顾问应做到以下几点:

(1)检查仪容、仪表,穿着统一工服,仪表端庄、整洁,仪容洁净,戴好胸卡。

(2)准备好必要的表单、工具和材料。

(3)工作环境的维护及清洁。

(4)接待顾客的礼仪举止规范,能运用正确的身体语言,使顾客感受到热情、友好的氛围,尽快进入舒适区。

2.工作要求

汽车服务顾问如何提高顾客的满意度呢?以下几点供大家参考:

(1)迎接顾客要主动热情。

服务顾问给顾客的第一印象是十分重要的,它直接关系到顾客是否愿意在此修车以及业务的拓展。因此要做到热情友好,特别是遇到新顾客时应主动自我介绍。

(2)与顾客交谈要诚心诚意。

首先,要仔细倾听顾客介绍情况,不要随便打断对方的话,如果涉及投诉或质保期等内容,要认真做好记录,不要轻易下结论。其次,向顾客介绍情况时,应尽可能用通俗易懂的语言,避免使用难懂的专业术语。如遇到顾客说:"你看着办吧,哪儿坏了修哪儿。"服务顾问可不要自以为是,过于随便,而应把每项工作都向车主讲清,如为什么要这样做、有什么好处、要多长时间、多少费用等,这样既可以避免结算费用时发生不愉快,又能使顾客花钱修车放心。

(3)车辆交接检查要认真仔细。

车辆交接时,服务顾问和顾客在检查发动机后应将车子开到举升机平台上,与顾客一道检查底盘上一些容易出问题的部件,如油底壳等,这样会加深顾客对企业的信任。向顾客咨询故障现象时要全面,如出现故障时是冷车还是热车、是高速还是低速、是空载还是满载、行驶在公路上还是土路上、车上装了什么附加设备等,什么时候进行过维护、以前修过什么部位、故障是何时出现的、是经常性还是偶尔出现等。如有必要,应同顾客一起试车,试车时切忌猛加油、急刹车、高速倒车等,这会令顾客十分心疼自己的爱车,特别是车上的高级音响、车载电器,不要随意使用。

(4)填写接车单要如实详尽。

车辆检查诊断后,应如实详尽地填写接车单,接车单主要包括以下内容:一是顾客的姓名、地址、电话、进厂日期、车型、牌照号、底盘号、发动机号、附件数量、行驶里程以及油量等信息;二是进厂维修的具体项目内容、要求完成日期,以及质保期;三是一些主要说明及服务顾问与顾客签名。接车单至少是一式两份,一份交顾客保管,一份企业留底。但也有许多管理完善的企业,接车单有 4 ~ 5份副联,外加电脑存储。特别是接车单上的措辞应严谨,可操作性强,同时要给自己留出充分的回旋余地。

(5)估算维修费用及工期要准确。

估算维修费用及工期是十分敏感的问题,稍有不慎就有可能让顾客不满。

在估算维修费用时,简单或明显的故障,维修费是容易计算的。但对需要做进一步检查的部位,则应把有可能出现问题的部件考虑在内,如实告诉顾客费用不超过多少,并把各项预算写在接车单上,作为日后核算的依据;同时注意在修理过程中如发现了其他损坏部件,对是否可以更换随时征求顾客意见。

在估算维修工期,即预定交车时限时,应考虑周到,并留有余地,如待料、维修技术,或因其他紧迫任务需暂停某些车的修理等因素都要考虑进去。因为时限一经确定,就要尽一切努力来完成,否则,对顾客和企业都会带来一些不必要的损失。

(6)竣工检验要仔细彻底。

车辆修竣后,对修竣项目的检验是质检员工作的重要环节,必须认真、仔细、彻底地检查,必要时应进行路试。检查项目主要包括:对照接车单,核对所有修竣项目是否达到技术标准,工作是否良好;检查车辆各连接部件是否牢固完好,尤其是有关安全(转向、制动)等部件是否存在隐患;检查车辆其他附件是否在维修过程中损坏或丢失,如有则应及时补齐。总之,只有一切都确认没有问题以后,方能通知顾客提车。

(7)竣工车辆交接要耐心。

顾客验收修竣车辆一般都比较仔细。对此,服务顾问要有充分的耐心,并应主动配合顾客路试验车,随时做些解释和交代注意事项,切忌让顾客单独验收或试车,以免因小失大。特别是对一些难以打交道的顾客(如吝啬、蛮不讲理、多疑等),一定要克服烦躁心理,耐心地配合顾客进行验收,使他们高兴而来,满意而去,因为这直接关系到顾客是否以后再来店维修。

(8)遇到维修质量问题时要虚心。

修竣车辆交付使用后,遇到顾客返厂咨询或要求返修索赔损失时,服务顾问要态度诚恳,尤其对一些计较或蛮不讲理的顾客,应虚心倾听并认真做好记录,而后根据情况分析判断,找出问题的原因。若属维修方面的原因,应深表歉意,并及时做出相应的处理;若属配件或顾客操作上的原因,应解释清楚,给顾客一个满意的答复。

3.环车检查

环车检查也叫作车辆预检,它是由汽车4S店服务顾问在车辆维修前对车辆进行的全方位检查,以确认车辆以前的损伤情况。

(1)环车检查的目的和重要性。

①拉近顾客与维修企业的距离,体现维修企业的热忱和细心。

②发现顾客未发现的维修项目,可向顾客建议必要的维修项目,增加售后服务的收益。

③提醒顾客存放/带走遗留在车内的贵重物品。

(2)环车检查在维修接待流程中所处的位置。

环车检查工作处在顾客接待与接车制单两环节之间。当顾客的车辆停好后,由服务顾问打开顾客的车门、自我介绍、递出名片,以及询问顾客来意等一系列的顾客接待工作后,服务顾问需要对顾客的车辆按照4S店企业标准规范完成环车检查工作,并填写接车登记表。当完成车辆检查后,服务顾问引导顾客到前台,并与顾客协商进行接车制单等工作。

二、任务实施

(一)准备工作

服务顾问使用的工具材料:

(1)服务顾问用文件夹,其中有名片、笔和接车单等。

(2)接待台、接待椅、计算机、打印机、四件套、计算器、资料盒、电话、车辆维修任务进度管理板和服务顾问办公软件等(表2-1)。

服务顾问使用的工具材料　　　　　　　　　　　　表 2-1

图示			
名称	计算器	服务顾问办公软件	名片、笔
图示	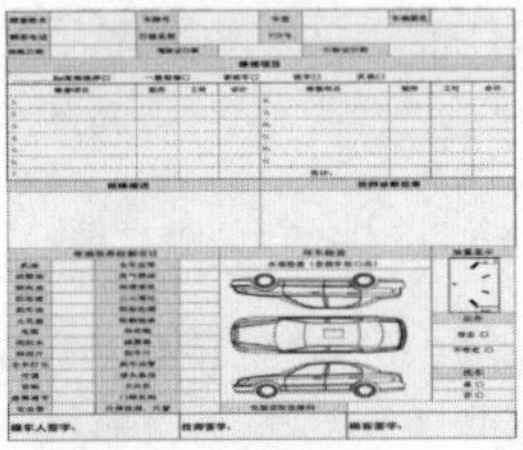		
名称	接车单	电话	车辆维修任务进度管理板

(二)接受顾客委托的步骤

在接待过程中,服务顾问有两项重要的工作,即填写接车单和签订维修施工单(有的企业叫任务委托书或维修合同)。

1.填写接车单

为避免顾客提车时产生不必要的误会或纠纷,服务顾问在车辆进入维修车间前必须与顾客一起对车辆进行环车检查。环车检查的主要内容有车辆外观是否有漆面损伤、车辆玻璃是否完好、内饰是否有脏污、仪表盘表面是否有损坏、随车工具附件是否齐全、车内和行李舱是否有贵重物品等。检验完成后,填写接车单并经顾客签字确认。接车单一般一式两份,一份交由顾客保管,一份由企业保管,见表 2-2。

接车单的使用流程如图 2-1 所示。

2.维修施工单

维修施工单是顾客委托维修企业进行车辆维修的合同文本。维修施工单的主要内容包括顾客信息、车辆信息、维修服务企业信息、维修作业任务信息及顾客签字。

维修施工单一式三份,其中一联交付顾客,作为顾客提车时的凭证,以证明顾客曾经将车交付维修企业维修,顾客结算提车时收回或盖章("已提车"字样);企业自用两份,一份用于维修车间派工及维修人员领料使用,另一份留底保存,以便查对。维修施工单见表2-3。

接　车　单

表2-2

A	车主姓名		车牌号		车型		送修日期	
	联系电话		购车日期		出厂编号		送修人	
	电量		行驶里程					
	VIN码				电机编号			
	报修时间	承诺交车时间		追加项目时间		追加后完工时间		实际完工时间

B	报修故障描述	环车检查
	客户张先生经电话预约需要对其车辆——比亚迪e5做5000km定期维护	（右）前端（左） 验车结果:划痕-H、凹陷-A、锈点-X、破损-P

C	常规项目检查		顾客签名	
	常规电器检查	全车润滑	EPS检查	减振器
	全车灯光	制动液	球头悬挂	传动轴
	蓄电池	制动片	电气件清洁	
	全车高压电缆	制动液管	高压电缆接头	

D	作业内容		班组	维修工	检验员	工时费	是否自费
	1						□自费　□三包
	2						□自费　□三包
	3						□自费　□三包
	以上维修项目全部合格,总检验员签名:					日期:	

E	经检验该车存在原报修以外的故障	对车辆的使用建议

接车人签字:　　　　　　　　　　　顾客签字:

质量保证:1.自带配件不给予三包;2.小修一天或行驶200km;3.二级维护3天或1000km以内;4.总成大修或整车大修质量保修期为3个月或10000km

注意:1.此单据为材料预计费用,实际费用以结算单中的最终费用为准;2.将车交至我店检查时,将车内的贵重物品自行收起并妥善保管,如有遗失本店概不负责

```
                           出迎
                            │
                            ▼
              ┌──────────────────────────┐
              │     记录车辆及个人信息       │
              └──────────────────────────┘
                            │
                            ▼
          ┌────────────────────────────────┐
          │  听取并记录顾客陈述（顾客原话）     │
          └────────────────────────────────┘
                            │
                            ▼
      ┌──────────────────────────────────────────┐
      │  引导顾客描述故障具体现象及发生时的状态并记录   │
      └──────────────────────────────────────────┘
                            │
                            ▼
          ┌────────────────────────────────┐
          │            故障现象              │
          └────────────────────────────────┘
          一般故障                   疑难故障
            │                          │
            ▼                          ▼
    ┌──────────────┐         ┌──────────────────┐
    │诊断故障确认维修项目│         │   记录建议检测内容   │
    └──────────────┘         └──────────────────┘
            │                          │
            ▼                          ▼
    ┌──────────────┐         ┌──────────────────┐
    │    实车确认    │         │      实车确认      │
    └──────────────┘         └──────────────────┘
            │                          │
            ▼                          ▼
    ┌──────────────┐    ┌────────────────────────┐
    │    顾客确认    │    │ 解释进厂检测工作（收费方案、时间）│
    └──────────────┘    └────────────────────────┘
            │                          │
            ▼                          ▼
    ┌──────────────┐         ┌──────────────────┐
    │    引导入店    │         │      顾客确认      │
    └──────────────┘         └──────────────────┘
            │                          │
            ▼                          ▼
    ┌──────────────┐    ┌────────────────────────┐
    │   制作维修施工单  │    │ 引导顾客入店（车辆进入车间）   │
    └──────────────┘    └────────────────────────┘
                                       │
                                       ▼
                      ┌──────────────────────────────┐
                      │ 车间判断故障，确认维修项目并记录检测结果 │
                      └──────────────────────────────┘
                                       │
                                       ▼
                           ┌──────────────────┐
                           │     接车单反馈      │
                           └──────────────────┘
                                       │
                                       ▼
                      ┌──────────────────────────┐
                      │   顾客同意，制作维修施工单     │
                      └──────────────────────────┘
                                       │
                                       ▼
                      ┌──────────────────────────┐
                      │   顾客不同意，收取检测费       │
                      └──────────────────────────┘
```

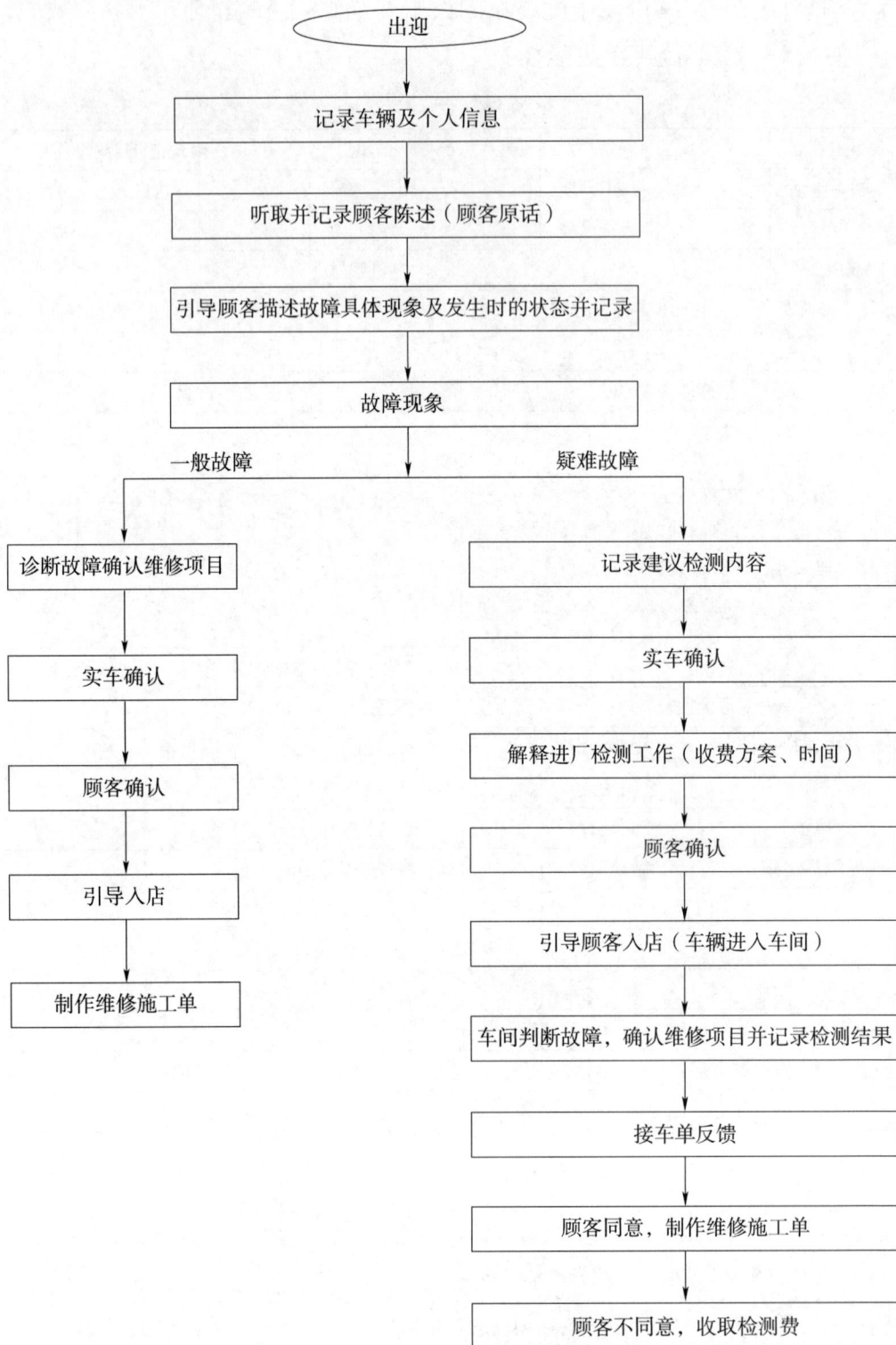

图 2-1　接车单的使用流程

维 修 施 工 单 表2-3

顾客签字：				服务顾问签字：			
车牌号			VIN				
顾客 ID			顾客姓名				
邮政编码			地址				
电话 1			电话 2				
车型			SFX	外观色		内饰色	
入厂履历							
上次行驶里程			入厂预定		卡号		
入厂日	维修内容			入厂日		维修内容	
此次入厂情况				交车预定时间			
此次行驶里程				下次入厂预定			
委托事项		维修内容			必要的条件		
开始时间	完成时间		主修签字		主任签字		检验员签字

工单号： 服务顾问：

注意事项：

(1)本维修施工单经双方同意后具有合同效力,可作为维修预检交接单使用,任务书为概算费用,结算时凭维修结算清单,按实际发生金额结算,结算方式及期限_____。

(2)承修方在维修过程中增加维修项目或费用及延长维修期限时,承修方应及时通知托修方,并以书面等形式确认。使用的正副厂配件及质量担保期由双方约定,必要时,附材料清单作为任务书的附件,托修方自带配件,承修方应查验登记,由此产生的质量问题,承修方不负责任。

(3)承修方应妥善保管托修车辆。托修方车中贵重物品随车带走,如有遗失,承修方不承担责任。

(4)维修质量保证期:自竣工出厂之日起_____日或行驶里程_____km,以先达到指标为准。

(三)环车检查项目

1.车内检查项目

(1)当顾客的面套上三件套。

（2）登记里程,检查油表,检查是否有故障灯亮及点烟器等。

（3）各开关检查工作情况(降下四车门玻璃)。

（4）检查刮水片及刮水器各项功能。打开所有灯光(前照灯、雾灯及危险报警闪光灯等)。

（5）检查天窗及功能,打开前化妆镜进行检查。

（6）检查手套箱(打开前务必询问顾客是否方便,提醒顾客是否有贵重物品)。

（7）检查室内是否有损伤(如座椅及顶棚等)。

2.车外观检查项目

（1）车外表有无损伤。

（2）四车轮(轮毂、轮胎、气嘴等)。

（3）检查各灯是否亮。

3.发动机舱检查项目

（1）检查工作液(是否少或脏)。

（2）检查插头、卡扣。

（3）检查发动机工作是否正常(是否有明显异响等)。

4.行李舱检查项目

（1）打开行李舱前务必询问顾客是否方便打开,并提醒顾客是否有贵重物品。

（2）检查随车工具是否齐全。

（3）检查功放、音响及三角牌等。

（4）检查备胎(是否正常)。

5.上举升机检查项目

（1）检查各球头、轮胎及制动器,检查底盘是否有泄漏和刮伤。

（2）检查减振器及缓冲胶。

在完成上述检查后,还应询问用户行车是否有其他问题,以方便一起检修。

(四)环车检查步骤流程

环车检查步骤按图2-2所示的顺序实施环车检查。

1.环车检查——位置1

（1）垫着抹布拉开车门。

（2）请顾客提供保修手册,在得到顾客允许后打开手套箱。

注意:手套箱是顾客的私密空间,在打开之前一定要先征求顾客的同意。

图2-2　环车检查顺序

2.环车检查——位置2

(1)将座椅套、脚垫、转向盘套等物品放置在车内。

(2)找到保修手册,核实发动机号、底盘号和以前的维修记录。

(3)核实里程读数,记录燃油量。

(4)检查仪表盘和电气元件的工作状况(如果时间允许的话)。

(5)检查前排座椅、仪表台上等处是否有顾客遗留的贵重物品。

(6)在从车里出来之前,释放发动机舱盖拉锁。

3.环车检查——位置3

(1)垫着抹布关上车门。

(2)记录左前车门、翼子板、发动机舱盖、后视镜等处的划痕、凹痕或漆伤。

(3)检查风窗玻璃上的划痕。

(4)检查左侧刮水片是否硬化或有裂纹。

(5)检查左前轮胎是否有不均匀磨损、裂纹等。

4.环车检查——位置4

(1)检查发动机舱里的部件(检查风扇皮带的张紧度、所有油液的存量和质量,是否有机油或水泄漏,蓄电池电解液高度等)。

(2)如果是第一次光临的顾客,再次检查发动机号、底盘号、车型编号。

(3)如果有必要进行故障诊断或路试,请技术员或车间主任来完成。

5.环车检查——位置5

(1)检查右侧翼子板、右前门、右侧后视镜等处的车身和油漆损伤。

(2)检查右侧刮水片是否硬化或有裂纹。

(3)检查右前轮胎是否有不均匀磨损、裂纹等。

(4)确认轮饰盖是否完好。

6.环车检查——位置6

(1)检查右侧车身和油漆的损伤情况。

(2)检查是否有贵重物品遗忘在车后座上。

(3)检查右后轮胎是否有不均匀磨损或裂纹等。

7.环车检查——位置7

(1)检查后车门是否有车身和油漆损伤。

(2)掀起行李舱门,检查行李舱内是否有遗留的贵重物品。

(3)检查后风窗的刮水片是否有硬化或裂纹等。

(4)确认所有随车工具齐全,确认千斤顶妥善固定在原位(如果时间允许的话)。

8.环车检查——位置8

(1)检查左侧的车身和油漆的损伤情况。

(2)检查是否有贵重物品遗留在车后座上。

(3)检查左后轮胎是否有不均匀磨损或裂纹等。

三、任务测试(工作页)

(一)资讯收集

1.填空题

(1)服务顾问是维修服务品质体现的_____,不仅要有扎实的专业知识和业务能力,而且需要敏捷的思维和宽阔的胸怀,同时还应掌握一定的_____。

(2)服务顾问应做到:检查仪容、仪表,_____、_____、整洁,_____、_____。

(3)环车检查的主要内容有_____、_____、内饰是否有脏污、_____、_____、车内和行李舱是否有贵重物品等。

(4)维修施工单的主要内容包括:顾客信息、_____、_____、维修作业任务信息及顾客签字。

2.判断题

(1)服务顾问给顾客的第一印象是十分重要的,它直接关系到顾客是否愿意在此修车以及业务的拓展。   (   )

(2)车辆检查诊断后,应如实详尽地填写接车单,主要包括以下内容:顾客

的姓名、地址、电话、进厂日期、车型、牌照号、底盘号、发动机号、附件数量、行驶里程以及油量等信息。 （ ）

(3)发现顾客未发现的维修项目,不必向顾客建议必要的维修项目。 （ ）

(4)服务顾问应在得到顾客允许后打开手套箱。 （ ）

3.不定项选择题

(1)服务顾问应做到以下几点( )。

　　A.检查仪容、仪表,穿着统一工服,仪表端庄、整洁,仪容洁净,戴好胸卡

　　B.准备好必要的表单、工具和材料

　　C.工作环境的维护及清洁

　　D.接待顾客的礼仪举止规范,能运用正确的身体语言,使顾客感受到热情、友好的氛围,尽快进入舒适区

(2)汽车服务顾问如何提高客户的满意度? ( )

　　A.迎接顾客要主动热情　　　　　B.与顾客交谈要诚心诚意

　　C.车辆交接检查要认真仔细　　　D.填写接车单要如实详尽

(3)环车检查项目包括( )。

　　A.车内检查项目　　　　　　　　B.车外观检查项目

　　C.发动机舱检查项目　　　　　　D.空调检查项目

(4)环车检查——位置8包括( )。

　　A.检查左侧的车身和油漆损伤

　　B.确认所有随车工具是否齐全

　　C.检查后风窗的刮水片是否有硬化或裂纹

　　D.检查是否有贵重物品遗留在车上

(二)计划决策

请各小组分工合作,充分考虑可行性、经济性、环保性要求,制订环车检查方案。

(三) 任务实施

请严格按汽车服务顾问技术要求,进行接受顾客委托和环车检查工作(表2-4)。

接受顾客委托和环车检查工作　　　　　　　　　　表2-4

接受顾客委托和环车检查工作		是否正常
一、车辆维护前的准备项目		
1	顾客使用的工具材料	是□ 否□
2	服务顾问使用的工具材料	是□ 否□
二、接受顾客委托		
1	迎接顾客要主动热情,与顾客交谈要诚心诚意	是□ 否□
2	规范填写接车单和签订维修施工单	是□ 否□
三、环车检查		
位置1	垫着抹布拉开车门	是□ 否□
	请顾客提供保修手册/得到顾客允许后打开手套箱	是□ 否□
	手套箱是顾客的私密空间,在打开之前一定要先征求顾客的同意	是□ 否□
位置2	将座椅套、脚垫、转向盘套等物品放置在车内	是□ 否□
	找到保修手册,核实发动机号、底盘号和以前的维修记录	是□ 否□
	核实里程读数,记录燃油量	是□ 否□
	检查仪表盘和电气元件的工作状况(如果时间允许的话)	是□ 否□
	检查前排座椅、仪表台上等处是否有顾客遗留的贵重物品	是□ 否□
	在从车里出来之前,释放发动机舱盖拉锁和所有门锁	是□ 否□
位置3	垫着抹布关上车门	是□ 否□
	记录左前车门、翼子板、发动机舱盖、后视镜等处的划痕、凹痕或漆伤	是□ 否□
	检查风窗玻璃上的划痕	是□ 否□
	检查左侧刮水片是否硬化或有裂纹	是□ 否□
	检查左前轮胎是否有不均匀磨损、裂纹等问题	是□ 否□
位置4	检查发动机舱里的部件(检查风扇皮带的张紧度、所有油液的存量和质量,是否有机油或水泄漏,蓄电池电解液高度等)	是□ 否□
	如果是第一次光临的顾客,再次检查发动机号、底盘号、车型编号	是□ 否□
	如果有必要进行故障诊断或路试,请技术员或车间主任来完成	是□ 否□
位置5	检查右侧翼子板、右前门、右侧后视镜等处的车身和油漆损伤	是□ 否□
	检查右侧刮水片是否硬化或有裂纹	是□ 否□
	检查右前轮胎是否有不均匀磨损、裂纹等	是□ 否□
	确认轮饰盖是否完好	是□ 否□
位置6	检查右侧车身和油漆的损伤情况	是□ 否□
	检查是否有贵重物品遗忘在车后座上	是□ 否□
	检查右后轮胎是否有不均匀磨损或裂纹等	是□ 否□

接受顾客委托和环车检查工作		是否正常
位置7	检查后车门是否有车身和油漆损伤	是□ 否□
	掀起行李舱门,检查行李舱内是否有遗留的贵重物品	是□ 否□
	检查后风窗的刮水片是否有硬化或裂纹等	是□ 否□
	确认所有随车工具齐全,确认千斤顶妥善固定在原位(如果时间允许的话)	是□ 否□
位置8	检查左侧的车身和油漆的损伤情况	是□ 否□
	检查是否有贵重物品遗留在车后座上	是□ 否□
	检查左后轮胎是否有不均匀磨损或裂纹等	是□ 否□
四、5S管理		

(四)评价反馈

评价反馈见表2-5。

评 价 表　　　　　　　　　表2-5

评价项目	考核标准	完成效果				自评(25%)	组评(25%)	师评(50%)
		优秀	良好	一般	需努力			
任务完成过程(40)	作业前后的6S管理	5	4	3	2			
	对存疑问题点有所记录,在课堂上积极提问,并解决存疑的问题	5	4	3	2			
	成果报告	10	8	6	4			
	工艺卡(实施方案)	10	8	6	4			
	信息查询能力和工作页完成情况	5	4	3	2			
	工具设备选用、安装方法合理/正确,能处理完成任务过程中出现的突发问题	5	4	3	2			
任务质量(30)	维护是否全面到位	15	8	3	2			
	能否解决顾客问题	15	8	6	4			
团队协作(15)	积极参与讨论、有协作精神、为其他同学提供帮助	5	4	3	2			
	在学习中提出独特的见解,帮助本组同学解决学习难题	10	8	6	4			
学习情况(15)	出勤情况良好,无缺勤,无迟到、早退	5	4	3	2			
	课内外均有参与学习活动	5	4	3	2			
	遵守课堂纪律,有良好的行为习惯,无损坏设备	5	4	3	2			
合计								
教师建议:								

项目二 新能源汽车检查与维护的准备工作

学习任务3 高压安全防护

一、信息收集

(一)高压防护用品

1. 绝缘手套

绝缘手套(图3-1)是用天然橡胶制成的,能起到对人的保护作用,具有防电、防油、耐酸碱等功能。主要在高压电器设备操作时使用,如动力蓄电池高压回路放电、验电,高压部件的拆装。

2. 绝缘鞋

绝缘鞋(图3-2)是高压操作时使人与大地保持绝缘的防护用具,一般在较潮湿的场所使用。绝缘鞋应放在干燥、通风处,不能随意乱放,并且避免接触高温、尖锐物品和酸碱油类物质。

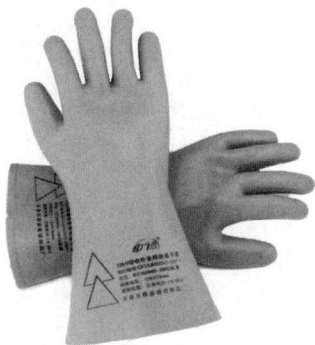

图3-1　绝缘手套

图3-2　绝缘鞋

3. 绝缘帽

绝缘帽(图3-3)在电动汽车举升状态维护时使用。

4. 护目镜

检查和维护电动汽车时需要佩戴护目镜(图3-4),主要用于防御电器拉弧产生的电火花对眼睛的损伤。

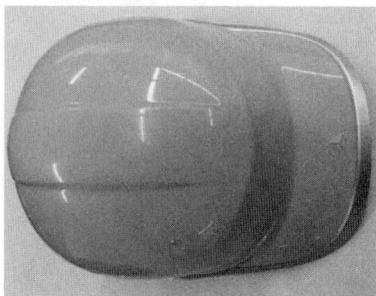

图3-3　绝缘帽

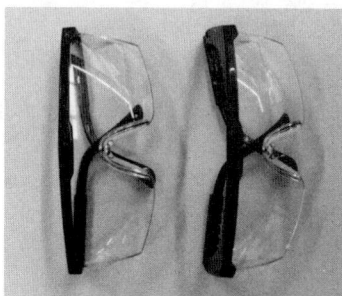

图3-4　护目镜

5. 绝缘服

绝缘服(图3-5)主要用于维护人员带电作业时的身体防护。

6. 绝缘垫

绝缘垫(图3-6)是具有较大电阻率和耐电击穿的胶垫,主要在电动汽车维护时用于地面的铺设,起到绝缘作用。

 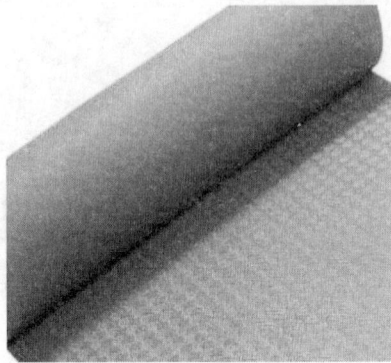

图 3-5　绝缘服　　　　　　　　图 3-6　绝缘垫

(二)新能源汽车高压部件识别

1.高压警示

新能源汽车采用两种形式进行高压警示,即高压警示标记和导线颜色标记。

(1)高压警示标记。

每个新能源汽车的高压组件外壳上都带有一个标记,如图 3-7 所示,高压警示标记采用黄色底色或者红色底色,图形上布置有高压触电国家标准。

图 3-7　高压警示标记

(2)导线颜色标记。

新能源汽车的所有高压导线全部用橙色警示标记;高电压的导线插座以及高电压安全插座也是采用橙色设计;动力蓄电池至电源管理器的高压导线也采用橙色(图3-8)。

2.认识高压元件

(1)整车高压线束连接的所有模块。

(2)高压元件有动力蓄电池、高压配电箱、车载充电器、太阳能充电器(装有时)、驱动电机控制器总成、DC与空调驱动器总成、电动机总成、电动压缩机总成、电加热芯体PTC、直/交流充电口等;其中,电驱动系统智能实训台高压元件有驱动电机、驱动电机控制器、调压器、薄膜电容、整流桥。动力蓄电池管理系统智能实训台高压元件有手动维修开关、动力蓄电池模组、接触器、车载充电机等。

3.电动汽车高压安全措施

电动汽车具有高压系统,因此就会存在高压用电危险,考虑到驾驶人和维修人员的安全,为防止触电事故的发生,生产厂家在设计生产电动汽车时采用了一些高压用电安全措施:①高压线束;②高压标记牌;③高压熔断器;④维修开关;⑤高压互锁(图3-9);⑥漏电传感器。

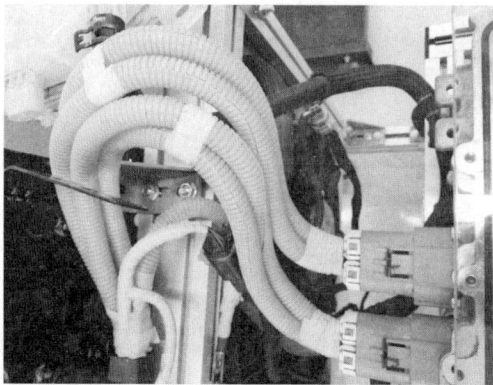

图3-8 高压橙色导线及连接器

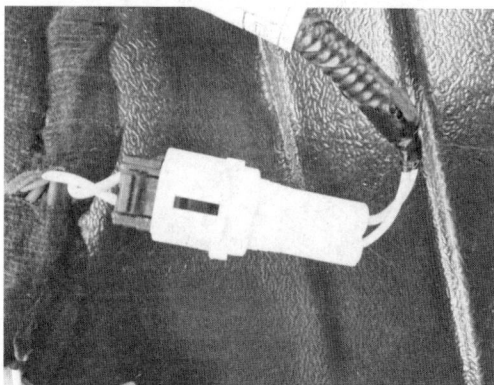

图3-9 高压互锁

二、任务实施

(1)检查绝缘手套。

绝缘手套铭牌上有最大使用电压,电压值越大,手套越厚。根据测量实物的最大电压值选择绝缘手套。

使用绝缘手套前必须进行充气检验气密性,如图3-10所示,发现有任何破损(图3-11)则不能使用。

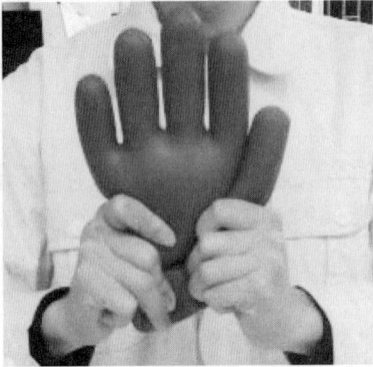

图3-10 检查绝缘手套有无漏气

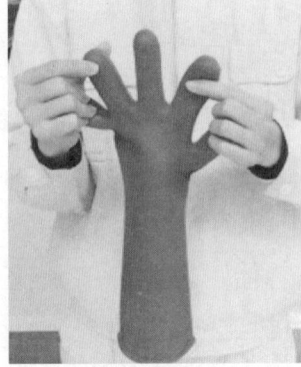

图3-11 绝缘手套磨损裂纹

注意:

(1)当戴绝缘手套作业时,应将衣袖口放进手套筒内,以防发生意外。

(2)绝缘手套使用完后,应将内外擦洗干净,待干燥后,撒上滑石粉放置平整,以防受压受损,且不能放置于地上。

(3)如果一副绝缘手套中的一只手套破损,那么这副手套不能继续使用。

(2)检查绝缘鞋。

穿戴绝缘鞋前需检查鞋面有无划痕、鞋底有无断裂、鞋面是否干燥(图3-12、图3-13)。

图3-12 绝缘鞋弯曲鞋底无裂纹

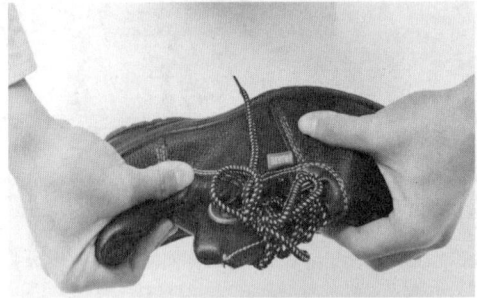

图3-13 绝缘鞋无磨损无裂纹检查

注意:绝缘鞋应放在干燥、通风处,不能随意乱放,并且避免接触高温、尖锐物品和酸碱油类物质。

(3)检查绝缘帽。

使用前应检查绝缘帽有无裂缝或损伤(图3-14),有无明显变形,下颚带是否完好、牢固。佩戴时必须按照头围的大小调整并系好下颚带,图3-15所示为绝缘帽正确佩戴方式,图 3-16 所示为绝缘帽的错误佩戴方式。

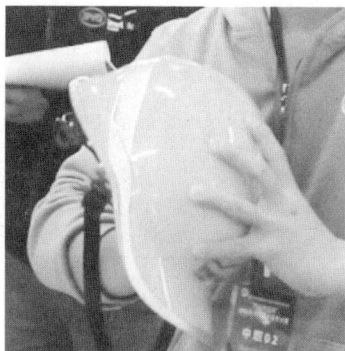

图 3-14　检查绝缘帽有无损伤　　　图 3-15　正确佩戴方式　　　图 3-16　错误佩戴方式

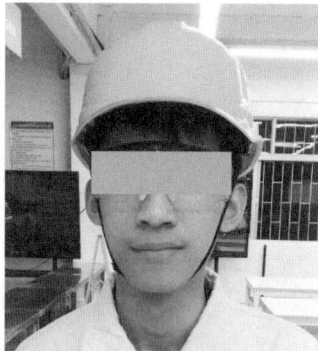

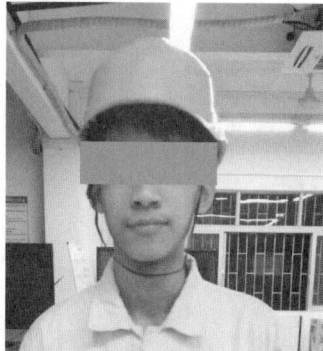

（4）检查护目镜。

使用前需要对护目镜进行检查,看护目镜有无裂痕、损坏,如图 3-17、图 3-18 所示。

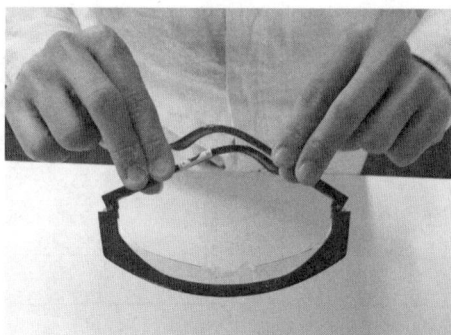

图 3-17　检查护目镜螺钉是否紧固　　　　　　图 3-18　护目镜无磨损无老化检查

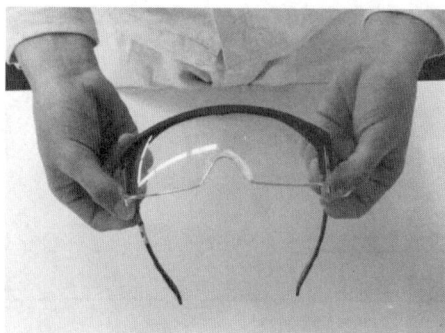

（5）检测绝缘垫。

检测绝缘垫对地绝缘性能(图 3-19)。前后左右测量五个点。

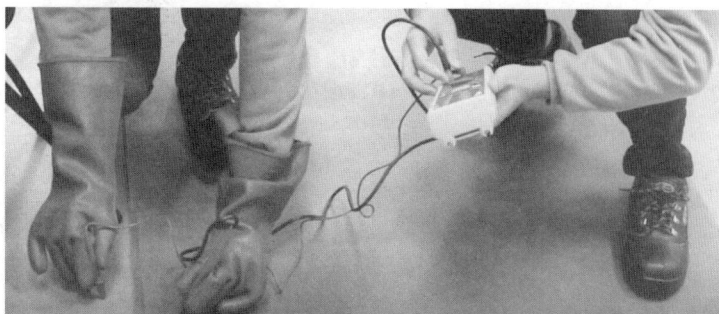

图 3-19　检测绝缘垫

三、任务测试(工作页)

(一)资讯收集

以下是新能源汽车维护需使用的个人防护用品(表 3-1),填写相对应的名称。

安全防护用品 表 3-1

图示 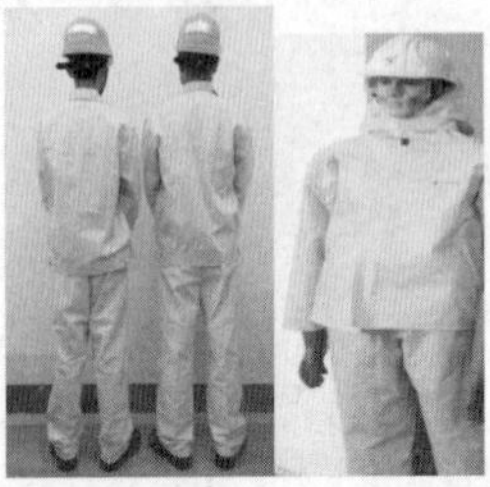 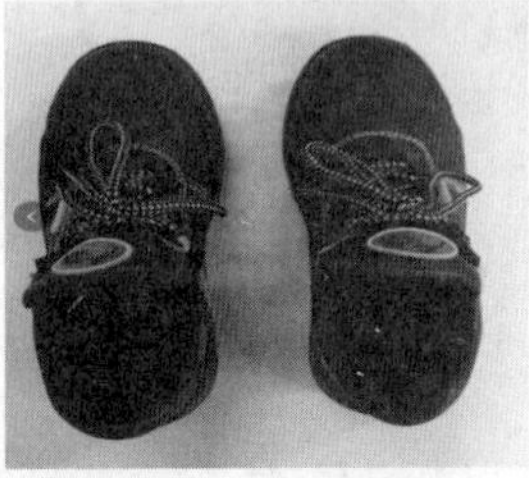 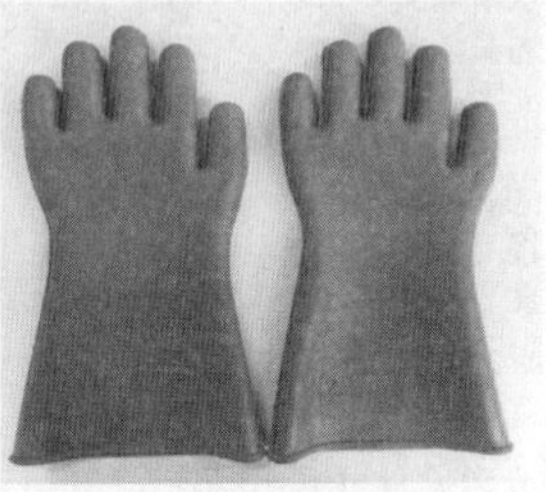		
名称		
图示 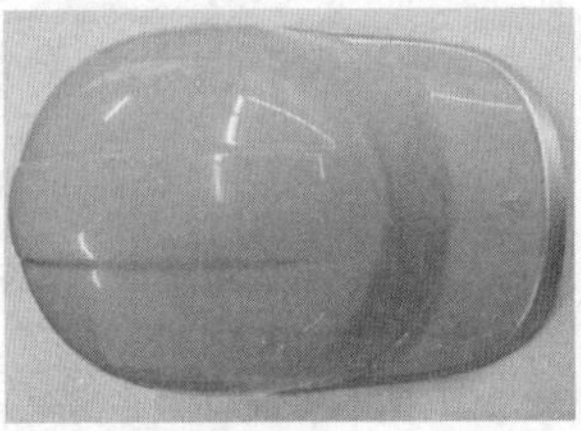 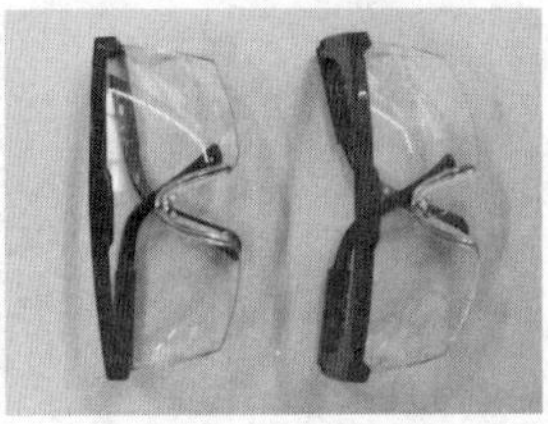 		
名称		

(二)计划决策

请各小组分工合作,充分考虑可行性、经济性、环保性要求,制订高压安全防护方案。

(三)任务实施

(1)请严格按规范要求完成高压防护用具检查与穿戴(表 3-2)。

高压安全防护用具检查与穿戴　　　　　表3-2

序号	检查和使用步骤	是 否 正 常
1	检查绝缘手套有无磨损裂纹,检查绝缘手套有无漏气	是□　否□
2	绝缘鞋弯曲鞋底无裂纹检查,绝缘鞋无磨损无裂纹检查	是□　否□
3	检查绝缘帽有无裂缝或损伤,有无明显变形	是□　否□
4	检查护目镜螺钉是否紧固,护目镜无磨损无老化检查	是□　否□
5	全套防护用具佩戴是否正确规范	是□　否□
6	检测绝缘垫对地绝缘性能	是□　否□
7	5S管理是否完成达到良好以上	是□　否□

（2）根据所学的高压防护知识,回答以下问题:

①为了防止触电事故发生,电动汽车在设计时采用了哪些高压用电安全措施?

②纯电动汽车上的高压元件有哪些?

③写出高压防护用具绝缘性检查方法。

(四)评价反馈

评价反馈见表3-3。

评 价 表 表3-3

评价项目	考核标准	完成效果				自评 (25%)	组评 (25%)	师评 (50%)
		优秀	良好	一般	需努力			
任务完成过程 (40)	作业前后的6S管理	5	4	3	2			
	对存疑问题点有所记录,在课堂上积极提问,并解决存疑的问题	5	4	3	2			
	成果报告	10	8	6	4			
	工艺卡(实施方案)	10	8	6	4			
	信息查询能力和工作页完成情况	5	4	3	2			
	工具设备选用、安装方法合理/正确,能处理完成任务过程中出现的突发问题	5	4	3	2			
任务质量 (30)	维护是否全面到位	15	8	3	2			
	能否解决顾客问题	15	8	6	4			
团队协作 (15)	积极参与讨论、有协作精神、为其他同学提供帮助	5	4	3	2			
	在学习中提出独特的见解,帮助本组同学解决学习难题	10	8	6	4			
学习情况 (15)	出勤情况良好,无缺勤,无迟到、早退	5	4	3	2			
	课内外均有参与学习活动	5	4	3	2			
	遵守课堂纪律,有良好的行为习惯,无损坏设备	5	4	3	2			
合计								
教师建议:								

学习任务4　新能源汽车维护工具使用

一、信息收集

1. 绝缘工具

绝缘工具属于高压作业工具,如图4-1所示,是能够保证带电作业安全的工具。和传统工具相比,绝缘工具加了抗高压的绝缘层,从而保证安全维护人员的人身安全。

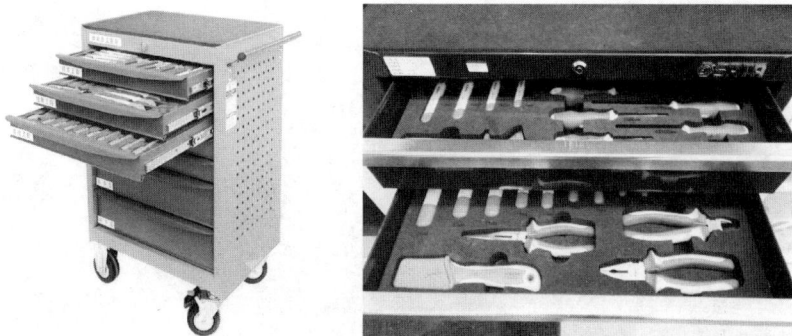

图4-1　绝缘工具

2. 绝缘表

绝缘电阻是表征电动汽车电气安全性能好坏的重要参数。高压电线绝缘介质的老化或受潮湿环境影响等,会导致高压电路和车辆底盘之间的绝缘性能下降,负极引线通过绝缘层和底盘构成漏电流回路,使底盘电位上升,危及乘客的人身安全。为了消除高压电对车辆和驾乘人员人身的潜在威胁,保证电动汽车电气系统的安全,在电动汽车维护时需要使用绝缘表检测绝缘电阻。

绝缘表主要分为绝缘电阻表和数字测试绝缘表两种。

(1)绝缘电阻表又叫兆欧表,它由一个手摇发电机、表头和三个接线柱(L、E和G)组成,如图4-2所示。

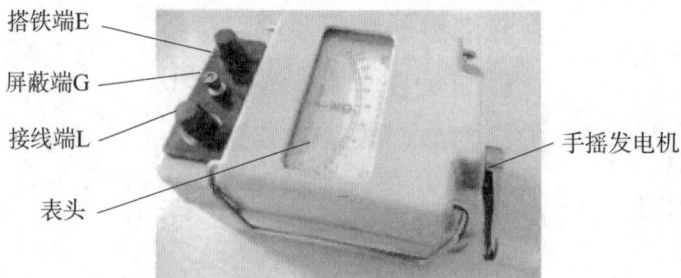

搭铁端E
屏蔽端G
接线端L
表头
手摇发电机

图4-2 绝缘电阻表

(2)数字测试绝缘表(图4-3)是一种由电池供电的绝缘测试仪。它可以测量交流/直流电压、搭铁耦合电阻和绝缘电阻。

3. 钳形电流表

钳形电流表(图4-4)又叫电流钳,是利用电流互感器原理制成的,分为指针式和数字式两种。钳形电流表可以在不断开电路的情况下测量线路电流,钳形电流表使用前先判断其是否能正常工作。

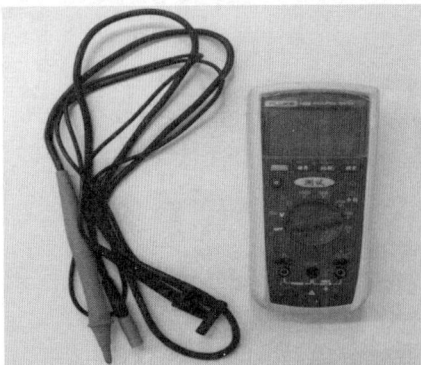

图4-3 数字测试绝缘表

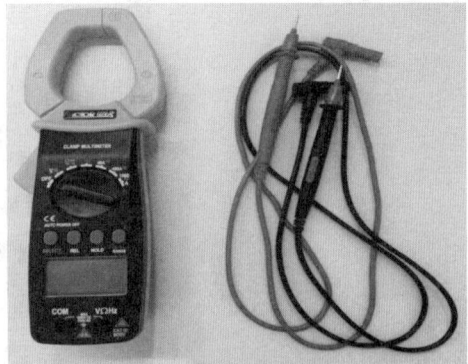

图4-4 钳形电流表

4.放电工装

　　由于电动汽车整车动力蓄电池以及一些高压部件带有电容,即使断开电源,电容还是会存储部分电量,因此电动汽车需要放电工装(图4-5)对高压端口进行放电,避免产生触电危险。

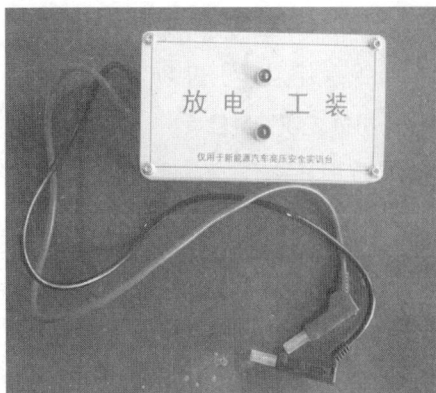

图4-5　放电工装

二、任务实施

(一)准备工作

1.个人防护及工具准备

　　(1)全套的高压防护用具:绝缘手套、绝缘鞋、绝缘帽、护目镜、绝缘垫。操作人员手腕、身上不能佩戴金属物件。

　　(2)普通高压工具:常用仪表,如万用表、钳形电流表、绝缘测试仪等;专用工具,如起子、扳手等(这些专用工具必须有绝缘措施);常用物料,如绝缘胶带、扎带等。

2.场地准备

　　(1)在作业前请采用安全隔离措施(使用警戒栏隔离),并树立高压警示牌,以警示相关人员,避免发生安全事故(图4-6)。

　　(2)条件允许时在新能源工位上操作,并将车身与保护地线连接。

(二)操作步骤

1.绝缘工具检查

绝缘工具(图4-7)检查主要检查工具有无破损等。

图4-6　场地设置安全隔离措施

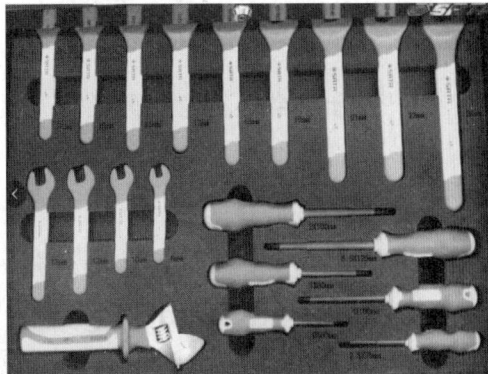

图4-7　检查绝缘工具

2.绝缘表的使用

绝缘电阻表的额定电压有 500V、1000V、2500V 等,测量范围有 500MΩ、1000MΩ、2000MΩ 等。用绝缘电阻表测量绝缘电阻时应该根据什么原则选择呢?应根据额定电压等级选择(表4-1)。

根据额定电压等级选择 表4-1

被测量设备额定电压(V)	选用绝缘电阻额定电压(V)
≤500	500 或 1000
≥500	1000 或 2500

数字测试绝缘表使用之前需采用断路试验和短路试验检查其是否处于正常状态。

实车检测(图4-8)时数字测试绝缘表的正确使用步骤如下:

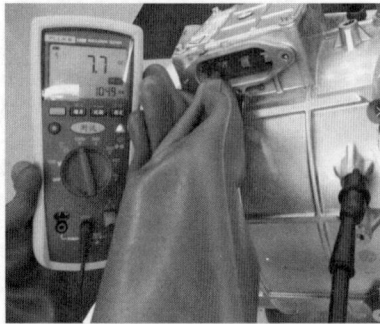

图4-8 实车检测

(1)根据测试车辆的电压范围值选择量程。如 EV200 绝缘电阻检测,一般选用 50V 挡位即可。

(2)将绝缘测试表笔与部件高压端子接触,负极表笔与部件壳体或车体接触。

(3)按住绝缘测试表笔测试键或表体的测试键,待数值稳定后,读取屏幕上的数据,即为绝缘电阻值。

注意:

(1)必须在断电情况下进行绝缘电阻的测量。

(2)一定是各导电端子与车体或壳体之间的测量。

(3)因为高压部件内部有电容存在,严禁端子之间的绝缘电阻测量。

(4)绝缘组织测量需要保持1min,数值稳定后再结束测量。

(5)由于绝缘表两表笔之间的电压为1000V,因此测量过程中注意保持手指与任何导电部位接触。

3.钳形电流表的使用

(1)测量之前应检查钳口上是否有污物,检查被测导线是否绝缘。

(2)根据额定功率估测额定电流,选择合适的量程挡位,不可用小量程测量大电流。如果电流大小无法估算,就选最大量程,以防烧表;如果读数小,切换至小量程。严禁测量过程中换量程挡。

（3）测量时被测导线应垂直放在钳形电流表的钳口中心。钳形电流表测量时一次只能测量一根导线，不可以同时测量多根导线。

（4）钳形电流表上有额定电压，不能用钳形电流表去测量超过额定电压的高压电路电流，否则容易造成事故或引起触电危险。

（5）测量时，测量人员应戴绝缘手套，穿绝缘鞋，双手不得触碰其他设备，防止短路和搭铁。

（6）如果被测电流较小，应将被测导线缠绕几圈后放进钳口内测量。

实际电流值 = 表盘读数/导线缠绕的圈数

三、任务测试（工作页）

（一）资讯收集

（1）写出绝缘电阻表的使用步骤。

（2）写出数字测试绝缘表的使用步骤。

（3）写出钳形电流表的使用步骤。

(二)计划决策

请各小组分工合作,充分考虑可行性、经济性、环保性要求,制订维护方案。

(三)任务实施

请按工具使用说明书的要求完成对工具、量具性能的检查(表4-2)。

实 施 记 录 表   表4-2

序号	实 施 步 骤	完成情况
1	绝缘工具是否有破损	是□　否□
2	检查绝缘电阻表是否能正常使用	是□　否□
3	检查数字测试绝缘表是否能正常使用	是□　否□
4	检查钳形电流表是否能正常使用	是□　否□

(四)评价反馈

评价反馈见表4-3。

评 价 表   表4-3

评价项目	考 核 标 准	完 成 效 果				自评 (25%)	组评 (25%)	师评 (50%)
		优秀	良好	一般	需努力			
任务完成过程 (40)	作业前后的6S管理	5	4	3	2			
	对存疑问题点有所记录,在课堂上积极提问,并解决存疑的问题	5	4	3	2			
	成果报告	10	8	6	4			
	工艺卡(实施方案)	10	8	6	4			
	信息查询能力和工作页完成情况	5	4	3	2			
	工具设备选用、安装方法合理/正确,能处理完成任务过程中出现的突发问题	5	4	3	2			
任务质量 (30)	维护是否全面到位	15	8	3	2			
	能否解决顾客问题	15	8	6	4			

续上表

评价项目	考核标准	完成效果				自评 (25%)	组评 (25%)	师评 (50%)
		优秀	良好	一般	需努力			
团队协作 (15)	积极参与讨论、有协作精神、为其他同学提供帮助	5	4	3	2			
	在学习中提出独特的见解,帮助本组同学解决学习难题	10	8	6	4			
学习情况 (15)	出勤情况良好,无缺勤,无迟到、早退	5	4	3	2			
	课内外均有参与学习活动	5	4	3	2			
	遵守课堂纪律,有良好的行为习惯,无损坏设备	5	4	3	2			
合计								
教师建议:								

学习任务5　正确驾驶电动汽车

学习目标

完成本学习任务后,你应当达到如下目标:

1. 能够叙述电动汽车启动开关位置及功用;
2. 能够叙述电动汽车换挡方式和换挡位置;
3. 能够叙述电动汽车仪表盘中各指示灯的含义;
4. 通过小组讨论,能写出起动电动汽车的操作步骤;
5. 两人合作,正确起动电动汽车。

建议课时

6课时。

任务描述

陈小姐在4S店买了一辆比亚迪e5,接车的时候发现和传统燃油汽车在驾驶方法上有很多不同。作为4S店的销售顾问,请你告诉陈小姐电动汽车正确的驾驶方法和注意事项。

一、信息收集

(一)启动开关设置

1.传统启动开关设置(表5-1、图5-1)

传统启动开关挡位　　　　　　　　　　　　　　表5-1

LOCK	转向盘锁止,此时大多数电路不能工作
ACC	转向盘解锁,个别电器和附件可以工作
ON	高压通电,所有仪表、警告灯和电路工作
START	READY 绿灯点亮,启动高压

2.一键启动开关设置(图5-2)

进入车内,踩下制动踏板,一键启动的灯是绿色的,踩制动踏板按压一次,起动电动机。

图5-1　传统启动开关　　　　　　图5-2　一键启动开关

图5-3　变速杆

不踩制动踏板:按压第一次,会给部分设备通电,比如正常熄火后听音乐广播,一键启动灯会变为黄色;按压第二次,会给整车通电,车上所有的电气系统都可用,灯还是黄色,此时各个电气系统会通电自检;按压第三次,断电。

(二)挡位方式和换挡设置

比亚迪 e5 挡位设置是变速杆式(图5-3),有三个挡位,即 D、R、N。

(1)前进挡 D:在换 D 挡之前,先踩制动踏板,否则挡位选择无效。

（2）倒挡 R：在选择倒挡前，确保车辆处于静止状态，然后踩下制动踏板，轻轻压下手柄，再挂挡。

（3）空挡 N：在选择空挡前，确保车辆处于静止状态。

（三）认识仪表盘

比亚迪 e5 的仪表盘（图 5-4）主要包括功率表、车速表、TFT 信息显示屏（电量指示、挡位指示、提示信息、故障信息及报警指示符号，里程数据、室外温度、时钟信息、模式等），让驾驶人及时获取车辆状况。

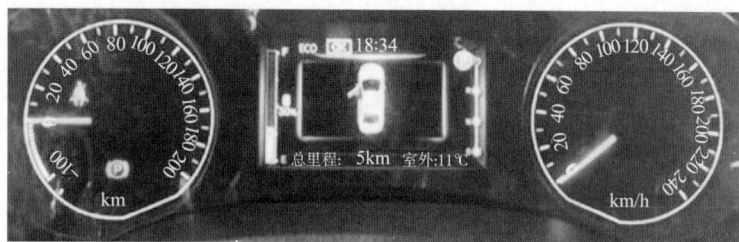

图 5-4　比亚迪 e5 仪表盘

1. 仪表符号注释

仪表符号注释见表 5-2。

仪 表 符 号 注 释　　　　　　　　　　表 5-2

OK	OK 指示灯：OK 指示灯亮表示起动成功
P R N D	挡位显示屏：显示出当前挡位

2. 组合仪表其他个性设置

组合仪表其他个性设置如能量回馈强度设置、预约充电功能设置、用电设备选择（预留）、背光颜色设置，等等，如图 5-5 所示。

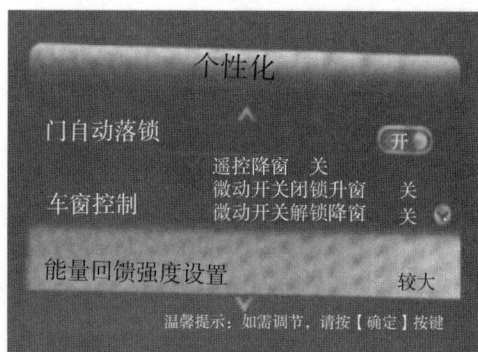

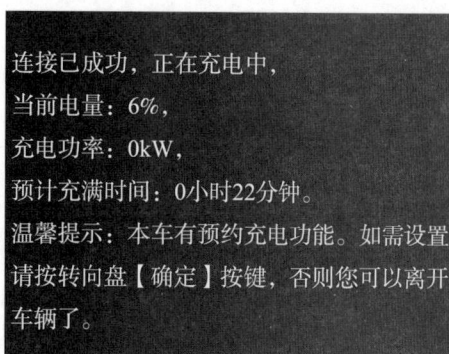

图　5-5

请按转向盘【选择】【确定】按键设置用电设备

温馨提示：长按转向盘【确定】按键或操作【Diacharge】开关可取消放电。

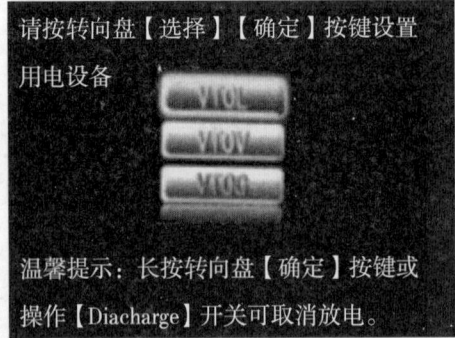

图 5-5　比亚迪 e5 组合仪表个性化设置

3. 仪表故障指示灯和报警信息提示

仪表故障指示灯和报警信息提示见表 5-3。

仪表故障指示灯及提示信息　　　　　　　　　　　　表 5-3

仪表故障指示灯	指示灯指示信息
	充电连接指示灯(充电时,组合仪表上充电连接指示灯点亮)
	充电系统故障警告灯
	动力蓄电池过热指示灯
	驱动电机过热指示灯
	动力系统故障警告灯
	动力蓄电池故障灯
	驻车制动故障警告灯
	组合仪表信息显示屏提示其他系统报警信息

(四) 制动能量回收

车辆减速或制动时车轮带动驱动电机转动,此时驱动电机变成发电机,产生电能,为动力蓄电池充电,达到能量回收利用的效果,同时辅助汽车的制动。

制动能量回收的优点:

(1)有效增加续驶里程,最高可增加20%;

（2）制动平稳，缩短制动距离，提高制动效率；

（3）减少制动摩擦片磨损，延长使用寿命。

二、任务实施

（一）准备工作

按照实习生产操作规程要求做好上课前的准备工作，务必穿好工作服，戴好安全帽；新能源汽车一辆；新能源汽车车辆用户使用手册 5 本。（本次实训用的新能源汽车是比亚迪 e5。）

（二）操作步骤

操作步骤见表 5-4。

操作步骤   表 5-4

驾 驶 步 骤	具 体 内 容
驾驶前检查	绕车一圈，确认车辆周围是否有障碍物
	检查车辆轮胎气压是否符合标准
	查看车辆是否漏水、漏电、漏气
起动车辆	检查仪表盘电量表 踩下制动踏板 按下启动开关 检查仪表盘 OK 灯

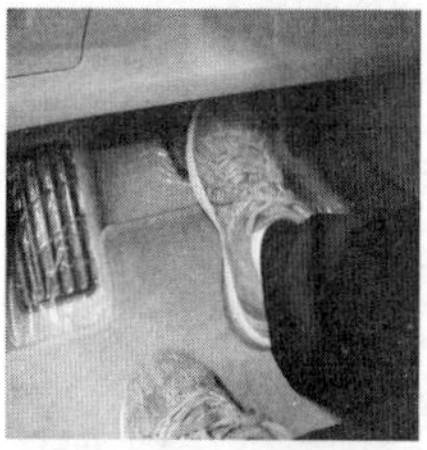

续上表

驾驶步骤	具体内容
起动车辆	 踩制动踏板挂挡 解锁电子驻车制动器
停车后	检查挡位是否切换到 P 挡,驻车制动器是否拉起

三、任务测试(工作页)

(一)资讯收集

(1)你所面对的新能源汽车车型是_____。

(2)新能源汽车行驶时,驾驶人需要进行换挡操纵,新能源汽车换挡操纵杆分以下三种_____、_____、_____。

(3)依据国家标准,高压线束必须采用_____色。

(4)根据图5-6,完成下面符号含义的填写。

图 5-6 e5 仪表盘

OK 表示_____   PRND 表示_____

(5)写出表5-5 中仪表故障指示灯的指示含义。

仪表故障指示灯含义表　　　　　　　　　　　　　　表 5-5

仪表故障指示灯	指示灯指示信息

(二) 计划决策

绘制上电的工作流程。

(三) 任务实施

1. 组内分工

请填写表 5-6 中的组内分工。

小组分工登记表　　　　　　　　　　　　　　表 5-6

小组组长	小组成员	安全员	观察员

2. 实施记录

请严格按表 5-7 实施步骤要求完成电动汽车的上电。

实 施 记 录 表　　　　　　　　　　　　　　表 5-7

序号	实施步骤	完成情况
	一、驾驶前检查	
1	绕车一圈确认车辆周围是否有障碍物	是□　否□
2	检查车辆轮胎气压是否符合标准	是□　否□

续上表

序号	实 施 步 骤	完成情况
3	查看车辆是否漏水、漏电、漏气	是□ 否□
	二、起动车辆	
1	检查仪表盘电量表	是□ 否□
2	踩下制动踏板	是□ 否□
3	按下启动开关	是□ 否□
4	检查仪表盘 OK 灯	是□ 否□
5	踩制动踏板挂挡	是□ 否□
6	解锁电子驻车制动器	是□ 否□
	三、停车后	
	检查挡位是否切换到 P 挡,驻车制动器是否拉起	是□ 否□
	四、5S 管理	

(四) 评价反馈

评价反馈见表5-8。

评 价 表　　　　　表 5-8

评价项目	考 核 标 准	完 成 效 果				自评(25%)	组评(25%)	师评(50%)
		优秀	良好	一般	需努力			
任务完成过程(40)	作业前后的6S管理	5	4	3	2			
	对存疑问题点有所记录,在课堂上积极提问,并解决存疑的问题	5	4	3	2			
	成果报告	10	8	6	4			
	工艺卡(实施方案)	10	8	6	4			
	信息查询能力和工作页完成情况	5	4	3	2			
	工具设备选用、安装方法合理/正确,能处理完成任务过程中出现的突发问题	5	4	3	2			
任务质量(30)	维护是否全面到位	15	8	3	2			
	能否解决顾客问题	15	8	6	4			
团队协作(15)	积极参与讨论、有协作精神、为其他同学提供帮助	5	4	3	2			
	在学习中提出独特的见解,帮助本组同学解决学习难题	10	8	6	4			

续上表

评价项目	考 核 标 准	完 成 效 果				自评 (25%)	组评 (25%)	师评 (50%)
		优秀	良好	一般	需努力			
学习情况 (15)	出勤情况良好,无缺勤,无迟到、早退	5	4	3	2			
	课内外均有参与学习活动	5	4	3	2			
	遵守课堂纪律,有良好的行为习惯, 无损坏设备	5	4	3	2			
	合计							
教师建议:								

学习任务6　电动汽车的充电

学习目标

完成本学习任务后,你应当达到如下目标:

1. 能够说出充电方式类型、特点及充电方式之间的区别;
2. 能够说出新能源汽车充电时的注意事项;
3. 通过小组讨论,能根据不同的充电方式制订充电操作步骤的方案;
4. 能正确使用充电设备,按技术标准对电动汽车进行充电。

建议课时

6课时。

任务描述

黄先生刚从4S店买了一辆比亚迪e5,行驶一段里程后,仪表盘显示电量不足,需及时充电。他应该怎样给自己的爱车充电呢?

一、信息收集

(一)充电设备

充电设备有充电桩、充电柜等(图6-1~图6-4)。

图 6-1　刷卡充电桩

图 6-2　手机 App 充电桩

图 6-3　充电柜

图 6-4　公共快充桩

(二) 充电方式

作为以电能为动力的电动汽车,充电系统是电动汽车主要的能源补给系统,有慢充和快充两种方式(图 6-5),充电接口如图 6-6 所示。

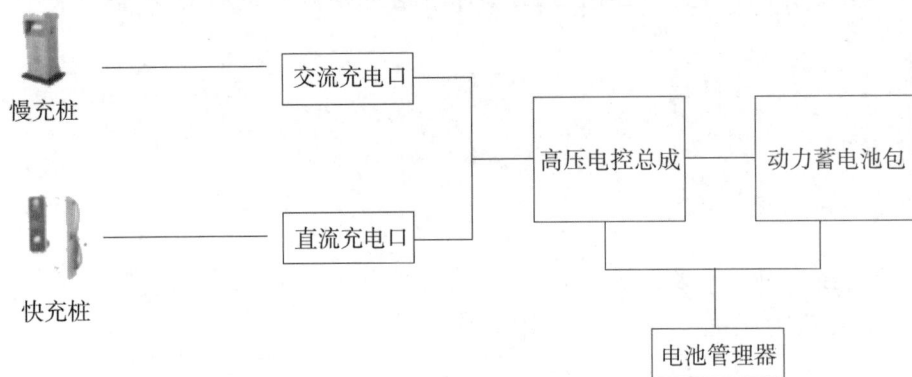

图 6-5　充电方式

1. 慢充

电动汽车随车都会配备 16A 和 32A 两种充电线,满足家用电源或专用充电桩充电。家用电源充电必须使用 16A 的充电线。

　　慢充充电桩是交流充电桩,固定安装在电动车外,与交流电网连接,为电动汽车车载充电器提供交流电源。交流充电桩只是提供电力输出,没有充电功能,需要连接车载充电器为电动汽车充电,即仅起提供电源的作用,常规充电电流相当低,约15A,常规充电方法采用小电流的恒压或者恒电流充电,一般充电时间为5～8h,甚至10～20h。充电设备数据见表6-1。

交流充电口　　　直流充电口

图6-6　充电接口

充电设备数据表　　　　　　　　　　　　表6-1

充电方式	充电设备名称	额定输入电压	额定输出功率	输出电流
交流充电	便携充电盒	220V	2kW	8A
	壁挂式充电盒	220V	3.3kW	16A
	壁挂式充电盒	220V	7kW	32A
	壁挂式充电盒	380V	40kW	63A
直流充电	直流充电柜	—	—	—

2. 快充

　　快充,顾名思义就是能够快速给电动汽车充满电的充电方法,使用非车载充电器采用大电流直接给动力蓄电池充电,短时间内就能将动力蓄电池电量充到80%左右,快速充电的电流一般为150A、400A。

　　快充充电桩是直流充电桩,固定安装在电动汽车外,与交流电网连接,可以为非车载电动汽车动力蓄电池提供直流电源。直流充电桩的输入电压采用三相四线 AC380V ±15% ,频率50Hz,输出为可调直流电,直接为动力蓄电池充电。

(三) 快充与慢充两种充电方式的区别

　　快充和慢充是相对概念,其区别见表6-2。

快充和慢充的区别　　　　　　　　　　表6-2

充电方式	慢充	快充
设备	车载充电器	大功率非车载直流充电器
时间	时间长	时间短
原理	车载充电器将交流充电桩的电源整流为直流再进行充电	充电器直接输出直流电进行充电

(四) 电动汽车充电问答

1. 为什么快充还没有取代慢充?

慢充的充电电流和功率都相对较小,可延长电池使用寿命,而且用电低峰时充电成本低。快速充电使用较大的电流和功率,会对蓄电池组产生很大的影响,对寿命也会有影响。

2. 电动汽车是否每天都需要充电?

充电次数对于动力蓄电池寿命没有直接关系,锂电池本身没有记忆功能,及时充、放电可保持动力蓄电池较好的充、放电能力。如果需要长期停放车辆,首先要断开蓄电池负极,动力蓄电池电量最好在50%、80%时停放,同时每隔一两个月对动力蓄电池进行一次充、放电,避免长期停放造成动力蓄电池性能下降。

3. 电动汽车锂电池的寿命与充、放电次数有关吗?

一个充电周期指的是锂电池一次完全充、放电过程,即由一个满充电和一个满放电过程组成。锂电池一般有 300 ~ 500 个充电周期。锂电池寿命与其充电周期的完成次数有关,和锂电池充、放电次数没有任何关系。锂电池充电也讲究"少吃多餐",浅度充、放电有助于延长其寿命。充电次数≠充电周期。

4. 快充口在前格栅,如果发生追尾,是否会有漏电安全问题?

不会发生漏电安全问题,因为在快充口处设有车辆绝缘检测功能,漏电后会自动断电保护。

5. 为什么快充不能充满?

快充的控制策略是当动力蓄电池某个单体达到设定电压时即停止充电,没有末端恒压小电流充电和电量修正,所以在车辆多次连续快充时会出现充不满现象,可以在使用快充后再用慢充充满即可。

6. 雨天可以给电动汽车充电吗?

雨天尽量不要给电动汽车充电,如果有必要,在小雨天气可以充电,但要注意在拔插充电枪时用雨具遮挡,防止雨水进入充电口。充电枪插牢后具有防水能力。

7. 电动汽车冬季维护应注意哪些事项?

目前,大部分电动汽车采用锂电池,在较低温度时,锂电池的性能会有不同程度下降,表现为充电电流和放电电流变小,电池容量减小等。在高寒情况下,甚至可能出现充不进电的情况。冬季驾驶车辆会使用暖风,增大了车辆电耗,也会减少车辆续驶里程。

在冬季使用电动汽车时,出现充电时间变长、车辆续驶里程变短的情况均为正常情况。在使用中,应在车辆停驶后立即充电,利用电池余温,可以使充电更快些;在计划出行时,要充分考虑冬季车辆续驶里程下降情况。

二、任务实施

(一)准备工作

(1)穿好工作服。

(2)比亚迪 e5 车及其车辆用户使用手册(图 6-7)。

图 6-7　比亚迪 e5 用户使用手册

(3)充电枪、慢充桩一套(图 6-8)。

(二)技术要求与注意事项

车辆充电前,要保证车辆启动开关处于关闭状态。

(三)操作步骤

当车辆仪表显示电量不足,要及时补充电能,车辆充电前,要保证车辆点火开关处于关闭状态。

图 6-8　充电枪、慢充桩

1. 家用单相交流慢充充电

(1)打开车辆慢充电口盖板和防尘盖。

(2)将车辆供电端充电枪与车身上的充电座良好相连,直到听到"咔"的响声。

(3)查看车辆供电枪与供电插座是否连接。

(4)充电后,将供电端电枪和车端充电枪均拔出,盖好充电枪防尘盖。

2. 充电桩充电

(1)将电动汽车停好,确保充电枪可以接插到车身充电口处,电动汽车电源挡位置为 OFF 挡。

(2)打开充电口盖拉锁(图 6-9),打开车身上充电口的防护盖(图 6-10)。

图6-9 打开充电口盖拉锁

图6-10 打开充电口防护盖

（3）检查充电口，确保充电口无尘、无水、无杂物；按住充电枪上的轻触开关，从充电实训台充电桩中拔出充电枪（图6-11）。

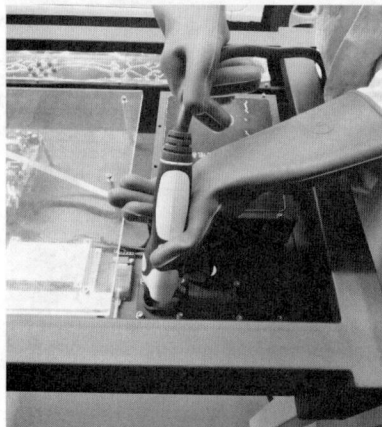

图6-11 从充电桩中拔出充电枪

（4）按住充电枪上的轻触开关，连接充电枪与充电口（图6-12），仪表充电连接指示灯亮。

（5）连接正常后，刷卡充电（图6-13）。

（6）正常充电时，仪表盘会有以下显示（图6-14）；如充电不成功，也会在仪表盘上显示出来。

（7）充电完成后，刷卡断开电源（图6-15）。

（8）按住充电枪上的轻触开关，将充电枪从充电口中拔出。

（9）手持枪柄，将充电枪对准充电桩的充电枪插座，将充电枪推入放回充电桩插座内；盖上电动汽车上充电口的防护盖，完成一次刷卡充电操作。

图6-12 连接充电枪与充电口

图6-13 刷卡充电

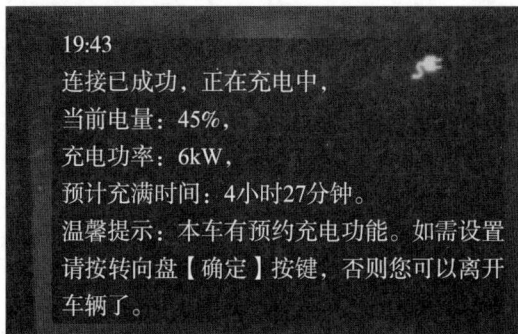

图 6-14　仪表盘充电提示

图 6-15　刷卡断开电源

3. 手机 App 充电

手机 App 充电跟刷卡充电操作步骤相似,不同的是计费方式。操作步骤如下:

(1)将电动汽车停好,确保充电枪可以接插到车身充电口处,电动汽车电源挡位置为 OFF 挡。

(2)打开充电口盖拉锁,打开车身上充电口的防护盖。

(3)检查充电口,确保充电口无尘、无水、无杂物。

(4)按住充电枪上的轻触开关,从充电实训台充电桩中拔出充电枪。

(5)按住充电枪上的轻触开关,连接充电枪与充电口,仪表充电连接指示灯亮。

(6)连接正常后,扫二维码,手机确认充电。

(7)正常充电时,开始实时计费。

(8)充电完成后,手机 App 停止充电,结算计费。

(9)按住充电枪上的轻触开关,将充电枪从充电口中拔出。

(10)手持枪柄,将充电枪对准充电桩的充电枪插座,将充电枪推入放回充电桩插座内;盖上电动汽车上充电口的防护盖,完成一次手机 App 充电操作。

三、任务测试(工作页)

(一)资讯收集

1. 填空题

(1)电动汽车充电方式有_____和_____。

(2)新能源汽车高压部件中有车载充电器,而车载充电器是通过 220V 工业用电对车辆进行充电。这种充电方式叫作_____。

(3)快充和慢充的区别:_____。

2.判断题

(1)快充是交流电供电。 （　　）

(2)快充会影响动力蓄电池的使用寿命。 （　　）

(3)雨天尽量不要给电动汽车充电。 （　　）

(4)如需要长期停放车辆,首先要断开蓄电池负极,动力蓄电池电量最好在50% ~80%时停放。 （　　）

(二)计划决策

描绘充电工作流程。

（三)任务实施

1.组内分工

小组分工登记见表6-3。

小组分工登记表　　　　表6-3

小组组长	小组成员	安全员	观察员

2.对充电设备进行检查

请按照规范方法依次检查仪器,并将检查方法与检查结果填写在表6-4中。

充电设备检查记录表　　　　表6-4

检查仪器名称	检查方法	检查结果
充电线	充电线是否有破损、折弯	
充电枪	充电枪上的按钮是否正常,枪口针孔是否破损	

3. 充电操作记录 (表 6-5)

充电操作记录表　　　　　　　　　　　　　　表 6-5

家用单相交流慢充充电		
步骤	实 施 步 骤	完 成 情 况
1		
2		
3		
4		
手机 App 充电		
步骤	实 施 步 骤	完 成 情 况
1		
2		
3		
4		
5		
6		
7		
8		
9		
10		
充电桩充电		
步骤	实 施 步 骤	完 成 情 况
1		
2		
3		
4		
5		
6		
7		
8		
9		

(四) 评价反馈

评价反馈见表6-6。

评 价 表   表6-6

评价项目	考 核 标 准	完 成 效 果				自评 (25%)	组评 (25%)	师评 (50%)
		优秀	良好	一般	需努力			
任务完成过程 (40)	作业前后的6S管理	5	4	3	2			
	对存疑问题点有所记录,在课堂上积极提问,并解决存疑的问题	5	4	3	2			
	成果报告	10	8	6	4			
	工艺卡(实施方案)	10	8	6	4			
	信息查询能力和工作页完成情况	5	4	3	2			
	工具设备选用、安装方法合理/正确,能处理完成任务过程中出现的突发问题	5	4	3	2			
任务质量 (30)	维护是否全面到位	15	8	3	2			
	能否解决顾客问题	15	8	6	4			
团队协作 (15)	积极参与讨论、有协作精神、为其他同学提供帮助	5	4	3	2			
	在学习中提出独特的见解,帮助本组同学解决学习难题	10	8	6	4			
学习情况 (15)	出勤情况良好,无缺勤,无迟到、早退	5	4	3	2			
	课内外均有参与学习活动	5	4	3	2			
	遵守课堂纪律,有良好的行为习惯,无损坏设备	5	4	3	2			
合计								

教师建议:

学习任务7　清洁电动汽车

学习目标

完成本学习任务后,你应当达到如下目标:

1.通过查找相关资料,能正确叙述电动汽车清洗步骤;

2.通过查找相关资料,能正确叙述电动汽车与传统燃油汽车在清洗上的区别;

3.小组合作,能正确使用设备对电动汽车进行清洗。

建议课时

2课时。

任务描述

曹小姐决定去4S店对比亚迪e5进行清洗。作为4S店的一名维修技师,你该如何清洗电动汽车呢?

一、信息收集

电动汽车的清洗和传统燃油汽车的清洗方法是一样的,基本分为三个部分:

(1)车外观清洗。车外观清洗的步骤分为冲车、喷清洗液、擦洗、冲洗、擦车、验车。

(2)车内部清洁。包括除尘、按不同材质使用不用方法清洁、除臭、除菌。

(3)机舱内清洗。

二、任务实施

(一)准备工作

(1)清洗设备、清洗耗材的准备。

(2)按要求停放车辆、按要求关闭车辆所有车窗等、保证点火开关关闭。

(二)技术要求与注意事项

(1)洗车时应尽量避免高压水枪直接对准前格栅冲刷。

(2)进行机舱内的清洁,需先关闭点火开关10min后用干布擦拭。

图7-1 清洗车身

(三)操作步骤

1.车辆外观清洗

(1)冲车。

使用高压水枪清洗,冲水方向与车身漆面保持30°、45°角,枪头与车身保持16~60cm范围内(图7-1)。清洗时应按车顶→车身前后及玻璃→后视镜→车轮挡泥板→轮胎→车门板下部和底盘的顺序冲洗。

(2)喷清洗液。

车辆冲洗完后向车身喷洒泡沫清洗液(图7-2)。

(3)擦洗。

手持海绵从上到下擦洗车身,保证无漏擦之处(图7-3)。

图7-2 喷洒清洗液

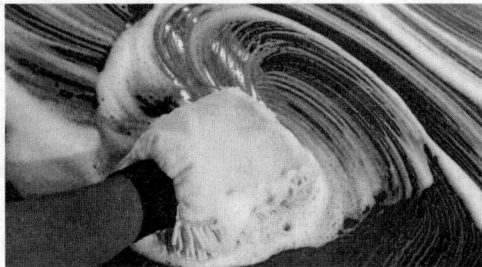

图7-3 擦洗车身

(4)冲洗。

按第一步冲车的顺序用清水冲洗车身(图7-4)。

(5)擦车。

首先用一块半湿的长抹布从车前向车后擦拭,然后按照正确的方法将整个车从前至后从上到下擦一遍。接下来打开车门,擦净车门及边框处的水,然后将抹布洗净拧干,擦拭前后风窗玻璃和车门玻璃(图7-5)。

(6)检查车面有无水渍、污渍。

擦完后要求车身干净无漏擦,门边干净无水渍、污渍。

图 7-4　冲洗车身

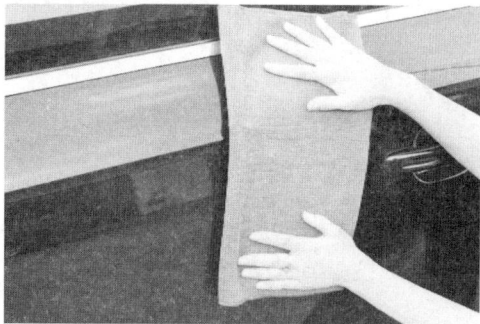

图 7-5　擦拭车身

2.驾驶室内清洗

(1)除尘。

用吸尘器按由上而下的顺序清除各部件上的灰尘(图 7-6),除尘前需要将车内杂物取出。

(2)清洗。

驾驶室内清洁时根据各部位材质不同,选择不同的清洗液,按从上到下的顺序清洗:车内顶棚→仪表台→转向盘套→内门板→车内座椅→安全带→脚垫。

(3)除菌、除臭。

使用专用杀菌剂喷涂在座椅、脚垫等处,清除异味并抑制细菌的滋生。

3.机舱内清洗

若进行机舱内的清洁,需先关闭点火开关 10min 后用干布擦拭(图 7-7)。机舱内布置了很多的高压设备,如充电机、高压控制器、高压线束插头,禁止掀开机舱盖冲洗,否则会造成高压部件各插接件受潮,导致车辆出现绝缘故障,无法行驶。

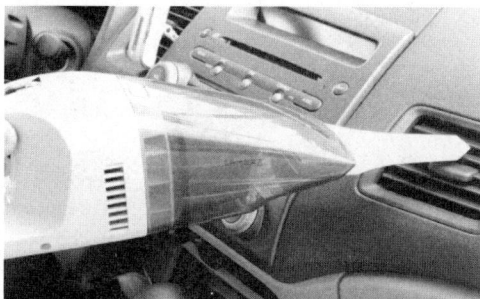

图 7-6　除尘

图 7-7　机舱内清洗

三、任务测试(工作页)

(一)资讯收集

1.填空题

(1)冲洗车的顺序:

_____

_____

_____

(2)驾驶室内清洁的顺序:

_____

_____

_____

_____

2.判断题

(1)对车内饰清洗时,可以使用任意性质的洗涤液进行清洗。　　(　　)

(2)在洗车时应尽量避免高压水枪直接对准前格栅冲刷。　　(　　)

(3)电动汽车各个部件都已做过防水试验,满足II67防水防电等级标准。

(　　)

(二)计划决策

清洗电动汽车的工作流程。

```



```

(三)任务实施

清洁电动汽车操作过程见表7-1。

清洁电动汽车记录表 表 7-1

步　骤	实 施 步 骤	完 成 情 况

(四) 评价反馈

评价反馈见表 7-2。

评　价　表 表 7-2

评价项目	考 核 标 准	完 成 效 果				自评 (25%)	组评 (25%)	师评 (50%)
		优秀	良好	一般	需努力			
任务完成过程 (40)	作业前后的 6S 管理	5	4	3	2			
	对存疑问题点有所记录,在课堂上积极提问,并解决存疑的问题	5	4	3	2			
	成果报告	10	8	6	4			
	工艺卡(实施方案)	10	8	6	4			
	信息查询能力和工作页完成情况	5	4	3	2			
	工具设备选用、安装方法合理/正确,能处理完成任务过程中出现的突发问题	5	4	3	2			
任务质量 (30)	维护是否全面到位	15	8	3	2			
	能否解决顾客问题	15	8	6	4			
团队协作 (15)	积极参与讨论、有协作精神、为其他同学提供帮助	5	4	3	2			
	在学习中提出独特的见解,帮助本组同学解决学习难题	10	8	6	4			
学习情况 (15)	出勤情况良好,无缺勤,无迟到、早退	5	4	3	2			
	课内外均有参与学习活动	5	4	3	2			
	遵守课堂纪律,有良好的行为习惯,无损坏设备	5	4	3	2			
合计								
教师建议:								

项目三　新能源汽车动力蓄电池系统的检查与维护

学习任务8　检查与维护混合动力汽车动力蓄电池

学习目标

完成本学习任务后,你应当达到如下目标:

1. 通过查找相关资料,能正确叙述混合动力汽车动力蓄电池的结构及工作原理;

2. 通过小组讨论,能制订检查与维护混合动力汽车动力蓄电池的方案;

3. 能正确使用安全防护用品,按技术标准对动力蓄电池进行检查与维护;

4. 能在工作过程中,注重安全、环保、节约意识,为车主提供合理用车建议。

建议课时

6课时。

任务描述

一辆2012款普锐斯混合动力汽车,车主反映:该车在行驶不久后发动机会突然熄火,车辆无法正常行驶,然后组合仪表混合动力系统主警告灯点亮,同时,多信息显示屏显示HV蓄电池警告标识,为此入厂检查,作为技术员,请你根据维修手册及技术标准完成对混合动力汽车动力蓄电池的检查与维护。

一、信息收集

(一)普锐斯动力蓄电池在车上的安装位置

普锐斯动力蓄电池是镍氢电池组,安装位置如图 8-1 所示。

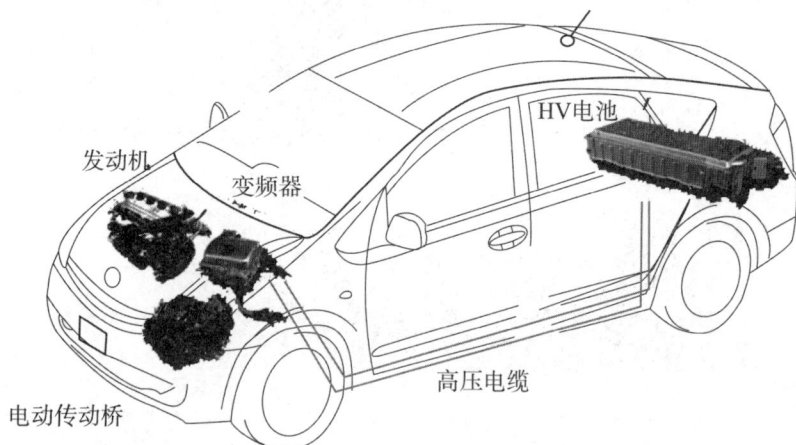

图 8-1 普锐斯动力蓄电池安装位置

(二)普斯动力蓄电池

普锐斯镍氢电池系统由电流传感器、熔断丝、服务插销、系统主继电器、电池控制模块 ECU、电池通风温控系统构成,如图 8-2 所示。

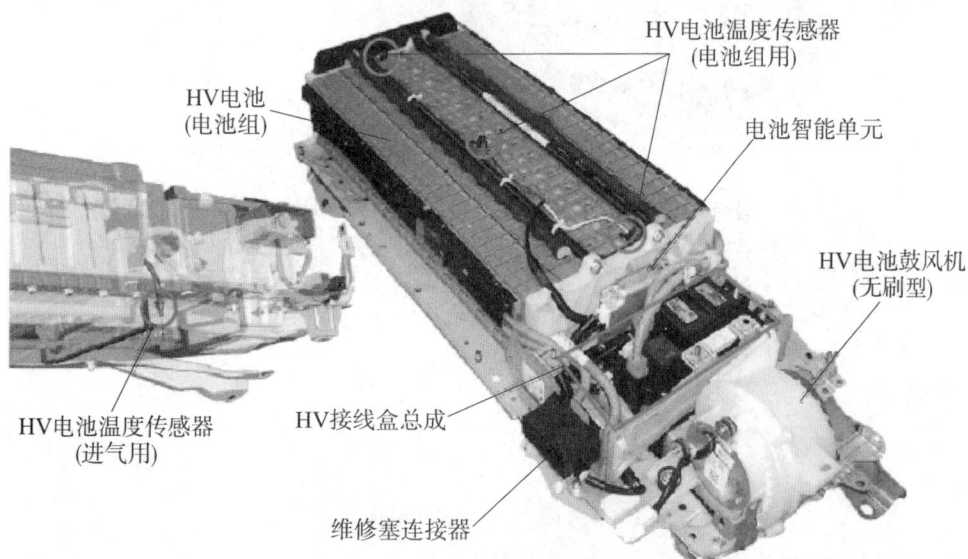

图 8-2 普锐斯镍氢电池系统

1. 电池模块

普锐斯镍氢电池,每单元7.2V,共34个模块,因此单元(7.2V)×34模块=DC 244.8V,HV总电压为244.8V,如图8-3所示。

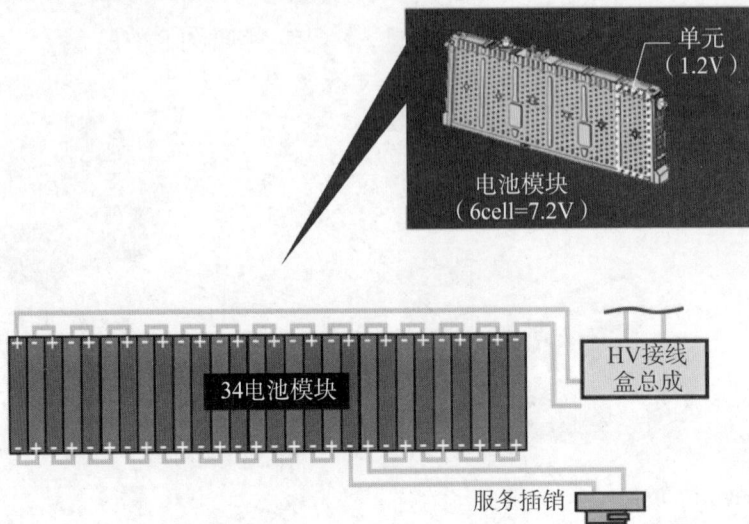

图8-3 普锐斯镍氢电池(电池模块)

2. 服务插销

在修理汽车时,为了确保安全,通过服务插销人为地断开电路。当电池产生短路时,熔断丝断开,以防止电子器件的损坏和车上发生火灾,如图8-4所示。

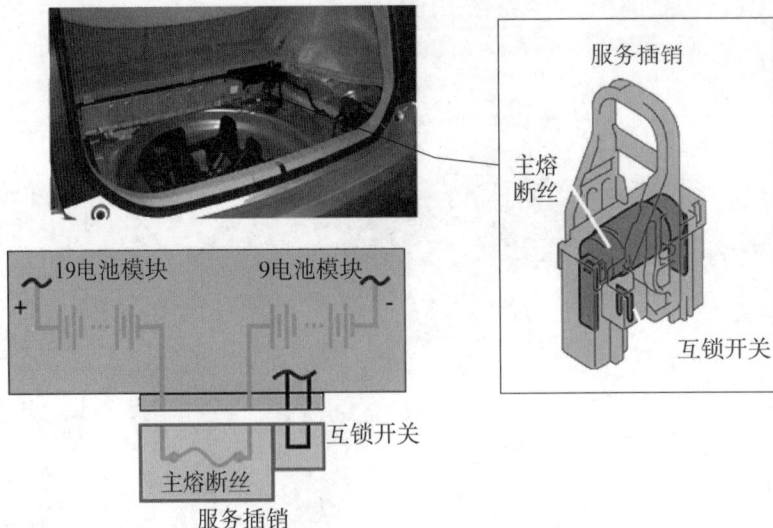

图8-4 服务插销(手动关闭高电压电路)

3. HV接线盒总成

3个系统主继电器随着点火钥匙的ON/OFF而闭合或断开,点火钥匙转到

OFF时,主继电器切断高压系统以确保安全。当汽车受到碰撞或系统有故障时,主继电器也会断开高压电,如图8-5所示。

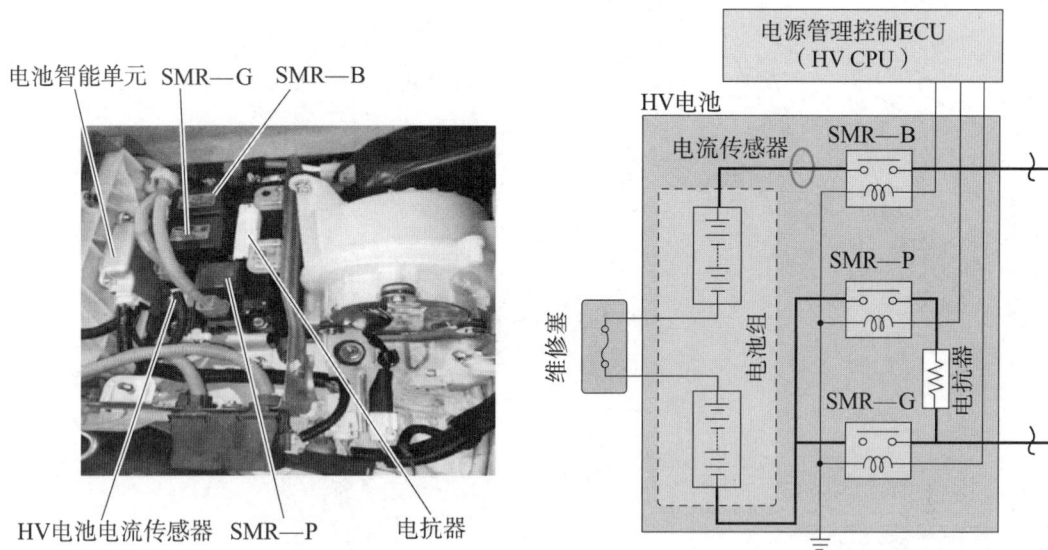

图8-5　系统主继电器(SMR控制连接和断开HV电池和高电压线束)

4. 电池控制模块ECU

电池ECU根据电池的电流、电压和温度来计算电池的SOC,并把它送到整车控制系统,同时它还检测电池是否正常,如图8-6所示。

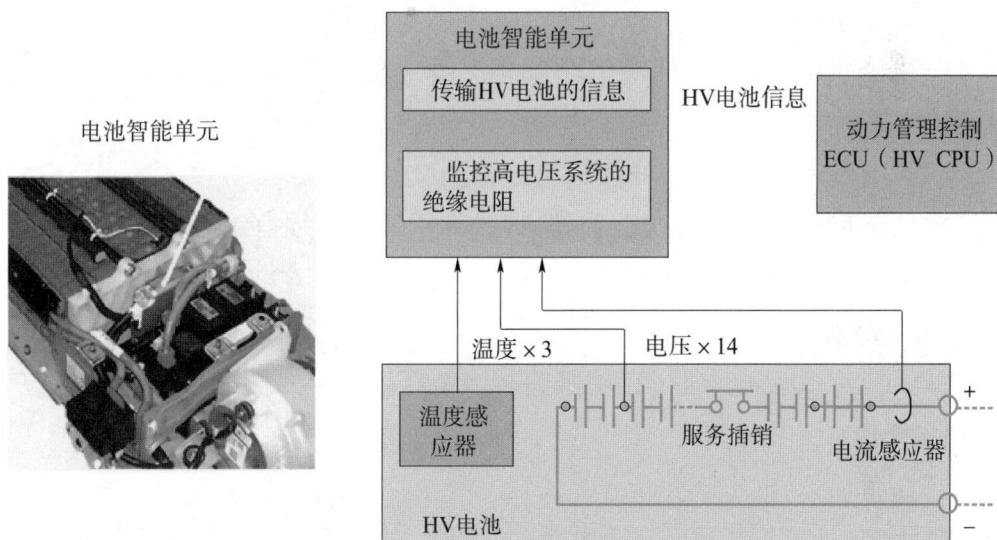

图8-6　电池控制模块ECU

5. 电池通风温控系统

在重复的充、放电过程中,HV电池会产生热量,为保证HV电池良好的工作性能,专门为 HV 电池提供了一套冷却系统。装在通风道上的风扇把来自驾驶室的风,通过过滤器、通风管路,送到高压电池盒,如图 8-7 所示。

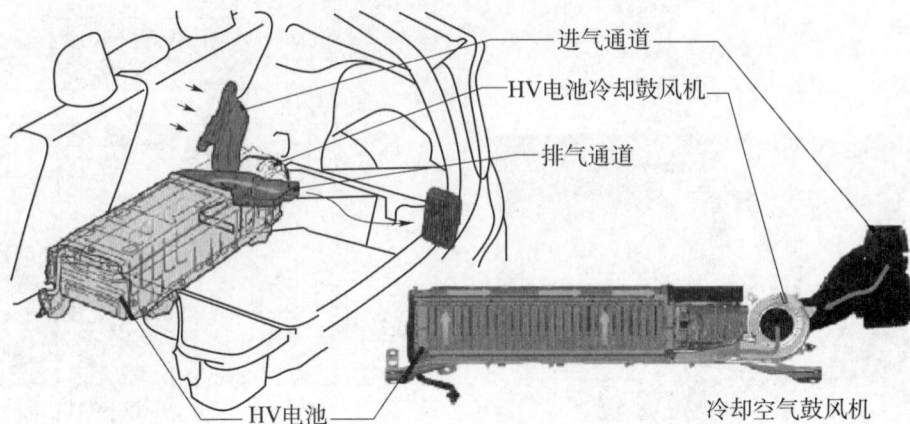

图 8-7　电池通风温控系统

二、任务实施

每种电动汽车、动力电源系统均有其特点,系统的结构设计、安装位置等不同的车辆有很大差别。在车辆检修和电源系统维护过程中,需要做好以下工作。

(一)准备工作

1. 专用工具的准备

(1)检修仪器,有些新能源汽车配备有专门的检修仪器,如 Prius 配备有智能测试仪。

(2)常用仪表,如电压表、欧姆表、绝缘测试仪等。

(3)专用工具,如螺丝刀、扳手等,这些常用工具必须有绝缘措施。

(4)常用物料,如绝缘胶带、扎带等。

2. 个人防护

电动汽车使用高压电路,在检修前必须做好以下个人防护措施:

(1)佩戴绝缘手套。

(2)穿防护鞋、工作服等。

(3)手腕、身上不能佩戴金属物件,如金银手链、戒指、手表、项链等物品。

3. 车辆防护

在检查维护前必须做好以下车辆防护措施:车轮挡块、车内四件套、车外三件套等。

(二)技术要求与注意事项

混合动力汽车系统使用高压电路,不正确的操作可能导致电击或漏电。所以,在检修过程中拆卸、检查、更换零件时必须注意下列事项:

(1)关掉点火开关,将钥匙移开智能系统探测范围。

(2)断开辅助电池负极端子。

(3)佩戴绝缘手套,并确保绝缘手套没有破损(注意:不要带湿手套)。

(4)拆除服务插销。

(5)等待10min或更长时间,以便变频器总成高压电容放电。

(6)对高压系统进行操作时,在旁边放置"高压工作,请勿靠近"的警告牌。

(7)测量变频器端子电压。

(8)用绝缘乙烯胶包裹被断开的高压线路连接器。

(三)操作步骤

1.电源系统常规维护

(1)外观维护。

对电源系统的外观进行检查,如有问题应及时排除。

(2)绝缘。

断开电池组与整车的高压连接,用数字电压表测量各个电池包的总正、总负端子对车体的电压,是否小于上限值。如果发现电压偏高,应测量电池与车体是否绝缘。通过测量电池包总正、总负对电池包外壳的电压可以大致确定电池包内绝缘故障的电池模块。如果绝缘性能检测正常,再进行充放维护。

(3)电池及管理系统。

①接通电池管理系统,采集并记录开路状况下电池组的总电压、各个电池模块的电压以及各个电池模块的温度。

②按厂家推荐的充、放电制度对系统进行充、放电测试。

③在充、放电过程中检查电池管理系统显示的电流、电压、温度和SOC是否正确;车辆正常运行过程中,检查管理系统数据显示是否正常,否则进行故障排除。

④接通辅助电源,运行车辆直至冷却系统工作,观察冷却通道是否通畅。

⑤检查管理系统与各部分连接是否有松动。

(4)冷却系统。

检测进出风通道是否顺畅,风机是否能正常工作。清除防尘网上的灰尘及杂物,或更换防尘网。

2.普锐斯动力蓄电池拆检与维护

(1)打开普锐斯行李舱,拆除行李舱内饰后看到橙色服务插销(图 8-8),戴绝缘手套把服务插销拔出,并放置在安全位置,如图 8-9 所示。

图 8-8　服务插销位置

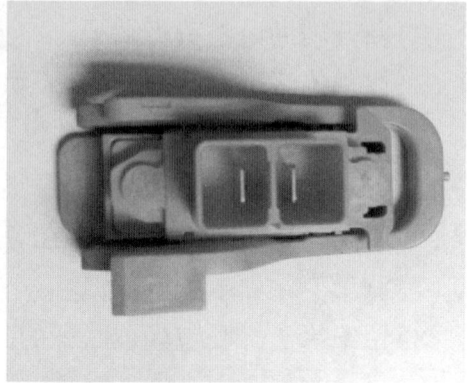

图 8-9　服务插销

(2)拔出服务插销后让汽车高压电容放电 1h,然后再拆动力蓄电池。

(3)开包。

①把后排座椅拆除后,观察电池包外观,看是否有燃烧、漏液、撞击等痕迹。

②拧下电池包上盖固定螺钉,将电池包上盖取下,打开电池包,如图 8-10 所示。

图 8-10　拆卸电池

(4)电池包内部状况检查及处理。

①绝缘检测指用数字电压表测量各个电池包的总正、总负端子对车体的电压是否小于规定数值,如发现电压偏高,应查找漏电点,更换绝缘部件或采取补救措施,消除安全隐患。

②检查电池包底盘和支架是否有电解液和积水等异常情况,如果存在这些异常,须更换电池,同时清理电池包安装部位,确保电池包与底盘的绝缘。

③观察电池外观整洁度,是否有液体、腐蚀等现象。同时使用毛刷、抹布清洁电池表面及零部件。

④检查电池之间的连接是否有松动、锈蚀等现象,如有,进行清理或更换。

⑤检查系统输出端子的连接、电池管理系统各连接插件是否牢固,如发现有松动即刻紧固。

⑥清理防尘网的灰尘或杂物;对于采用外进风的冷却系统,电动汽车电源系统较长时间应用,电池包内可能会积存大量灰尘等,必须进行清理,清理后再次进行绝缘检测。

⑦检查各电池外观,是否有损坏、漏液、严重变形等现象,若有,对这些电池进行标记并更换。

⑧检测每只电池的电压,对电压异常的电池进行维护或更换。

⑨数据采集系统的检查,检查各连线是否连接牢固,检查各焊点是否有松动、脱焊现象,否则进行补焊。

注意:本部分工作与电池直接接触,操作过程中注意避免发生触电事故,不要使电池发生短路,电池包的开包检查与更换必须由专业人员进行。另外,拆装电池,一定要戴绝缘手套。

三、任务测试(工作页)

(一)资讯收集

(1)普锐斯镍电池系统由电流传感器、熔断丝、_____、_____、_____、电池通风温控系统构成(图8-11)。

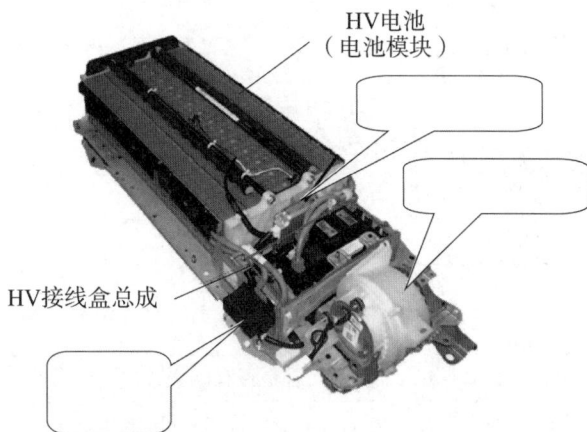

图8-11　普锐斯镍氢电池

（2）在修理汽车时,为了确保安全,通过_____人为地断开电路。

（3）电池 ECU 根据电池的电流、电压和温度来计算电池的_____,并把它送到整车控制系统,同时它还检测电池是否正常。

（4）在重复的充、放电过程中,HV 电池会产生_____,为保证 HV 电池良好的工作性能,专门为 HV 电池提供了一套_____。装在通风道上的风扇把来自_____的风,通过过滤器,通风管路,送到高压电池盒。

（二）计划决策

请各小组分工合作,充分考虑可行性、经济性、环保性要求,制订汽车动力蓄电池检查与维护方案。

（三）任务实施

请严格按维修手册的要求完成混合动力汽车动力蓄电池的拆检与维护,混合动力汽车动力蓄电池维护记录见表8-1。

混合动力汽车动力蓄电池维护记录表　　　　　表8-1

序号	实 施 步 骤	是 否 完 成
一、检查与维护前的准备工作		
1	关闭点火开关,拔下钥匙	是□　否□
2	拆下低压蓄电池负极,使用绝缘胶带包好	是□　否□
二、拆卸服务插销		
1	打开后普锐斯行李舱,拆除行李舱内饰	是□　否□
2	戴绝缘手套把服务插销拔出,并放置在安全位置	是□　否□
三、高压放电		
	拔出服务插销后让汽车高压电容放电 1h	是□　否□
四、开包		
1	把后排座椅拆除后,观察电池包外观,看是否有燃烧、漏液、撞击等痕迹	是□　否□
2	拧下电池包上盖固定螺钉,将电池包上盖取下,打开电池包	是□　否□
3	拆卸过程一定要佩戴绝缘手套	是□　否□

序号	实 施 步 骤	是 否 完 成	
	五、电池包内部状况检查及处理		
1	检查电池包底盘和支架是否有电解液和积水等异常情况	是□	否□
2	观察电池外观整洁度,是否有液体、腐蚀等现象	是□	否□
3	检查电池之间的连接是否有松动、锈蚀等现象	是□	否□
4	检查系统输出端子的连接、电池管理系统各连接插件是否牢固	是□	否□
5	清理防尘网的灰尘或杂物	是□	否□
6	检查各电池外观,是否有损坏、漏液、严重变形等现象	是□	否□
7	检测每块电池的电压,对电压异常的电池进行维护或更换	是□	否□
8	数据采集系统的检查,检查各连线是否连接牢固,检查各焊点是否有松动、脱焊现象	是□	否□
	六、6S 管理		

(四)评价反馈

评价反馈见表8-2。

评 价 表　　　　　　　　　　　　　　　　　表8-2

评价项目	考 核 标 准	完 成 效 果				自评 (25%)	组评 (25%)	师评 (50%)
		优秀	良好	一般	需努力			
任务完成过程 (40)	作业前后的6S管理	5	4	3	2			
	对存疑问题点有所记录,在课堂上积极提问,并解决存疑的问题	5	4	3	2			
	成果报告	10	8	6	4			
	工艺卡(实施方案)	10	8	6	4			
	信息查询能力和工作页完成情况	5	4	3	2			
	工具设备选用、安装方法合理/正确,能处理完成任务过程中出现的突发问题	5	4	3	2			
任务质量 (30)	维护是否全面到位	15	8	3	2			
	能否解决顾客问题	15	8	6	4			
团队协作 (15)	积极参与讨论、有协作精神、为其他同学提供帮助	5	4	3	2			
	在学习中提出独特的见解,帮助本组同学解决学习难题	10	8	6	4			

评价项目	考核标准	完 成 效 果				自评 (25%)	组评 (25%)	师评 (50%)
		优秀	良好	一般	需努力			
学习情况 (15)	出勤情况良好,无缺勤,无迟到、早退	5	4	3	2			
	课内外均有参与学习活动	5	4	3	2			
	遵守课堂纪律,有良好的行为习惯,无损坏设备	5	4	3	2			
合计								
教师建议:								

学习任务9 检查与维护纯电动汽车动力蓄电池

学习目标

完成本学习任务后,你应当达到如下目标:

1. 通过查找相关资料,能正确叙述纯电动汽车动力蓄电池的结构及工作原理;

2. 通过小组讨论,能制订检查与维护动力蓄电池的方案;

3. 能正确使用安全防护用品,按技术标准对动力蓄电池进行检查与维护;

4. 能在工作过程中,注重安全、环保、节约意识,为车主提供合理用车建议。

建议课时

6课时。

任务描述

南京出租车李师傅最近发现所营运的比亚迪 e5 出租车的汽车续航里程严重下降,仪表盘上显示动力蓄电池电量不足,为此入厂检查,作为技术员,请你根据维修手册及技术标准完成对动力蓄电池的检查与维护。

一、信息收集

比亚迪 e5 动力蓄电池是磷酸铁锂电池组,安装位置如图 9-1 所示。

动力蓄电池

图 9-1　比亚迪 e5 动力蓄电池安装位置

二、任务实施

每种电动汽车、动力电源系统均有其特点,系统的结构设计、安装位置等不同的车辆有很大差别。在车辆检修和电源系统维护过程中,需要做好以下工作。

(一)准备工作

1.专用工具的准备

(1)检修仪器,有些电动车配备有专门的检修仪器,如 Prius 配备有智能测试仪。

(2)常用仪表,如电压表、欧姆表、绝缘测试仪等。

(3)专用工具,如螺丝刀、扳手等,这些常用工具必须有绝缘措施。

(4)常用物料,如绝缘胶带、扎带等。

2.个人防护

电动汽车使用高压电路,在检修前必须做好以下个人防护措施:

(1)佩戴绝缘手套。

(2)穿防护鞋、工作服等。

(3)手腕、身上不能佩戴金属物件,如金银手链、戒指、手表、项链等物品。

3.车辆防护

在检查维护前必须做好以下车辆防护措施:车轮挡块、车内四件套、车外三件套等。

(二)技术要求与注意事项

电动汽车系统使用高压电路,不正确的操作可能导致电击或漏电。所以,在

检修过程中卸零件、检查、更换零件时,必须注意下列事项:

(1)检修前必须熟悉车辆说明书和电源系统说明书。

(2)对高压系统操作时断开电源。断开电源时须注意,通常断开高压或辅助电源,系统内故障诊断代码有可能会被清除,所以须首先检查读取故障代码后再断开电源。

(3)断开电源后放置车辆5min,需要对车辆系统内的高压电容器进行放电。

(4)佩戴绝缘手套,并确保绝缘手套没有破损(注意:不要带湿手套)。

(5)高压电路的线束和连接器通常为橙色,高压零部件通常贴有"高压"警示,操作这些线束和附件时需要特别注意。

(6)对高压系统进行操作时,在旁边放置"高压工作,请勿靠近"的警告牌。

(7)不要携带任何类似卡尺或测量卷尺等的金属物体,因为这些物件可能掉落从而引起短路。

(8)拆下任何高压配线后,立刻用绝缘胶带将其绝缘。

(9)一定要按规定扭矩将高压螺钉端子拧紧。扭矩不足或过量都会导致故障。

(10)完成对高压系统的操作后,应再次确认在工作台周围没有遗留任何零件或者工具以及确认高压端子已经拧紧并和连接器连接。

(三)操作步骤

1.电源系统常规维护

常规维护是对影响电源使用过程中的安全隐患进行检查和排除,避免发生危险性事故。通过制订常规的预防性维护计划,可以更好地了解所使用电动汽车电池的健康状况和终止寿命,确定电池的更换或重点维护计划。常规维护一般每月进行一次。

(1)维护程序。

①动力电源系统在使用1~2个月后,维护人员需要对动力电源系统的外观和绝缘进行维护。

②动力电源系统在使用3个月后,最好进行一次充、放维护。

③维护人员在进行操作时必须戴好绝缘手套等防护用品,使用前必须熟悉动力电源产品的结构、工作原理和使用说明书。

④在进行充放维护时,将动力电源系统按正常工作要求连接到位,接通管理系统的电源,监测电池的状态,根据监测的数据判定电池所处的环境温度、电池

温度及电池电压等状态是否正常。

⑤进行充放维护前,操作者应先检查电源系统各部分的情况,在确保各部分正常的情况下才能进行充放维护。

⑥维护均应在温度 15 ~ 30℃、相对湿度 45% ~ 75%、大气压 86 ~ 106kPa 的环境中进行。

⑦在充放维护过程中,检查管理系统的功能是否运转正常。

⑧在充放维护过程中,检查风扇是否在规定的温度下开启和关闭,是否运转正常。

⑨产品在充放维护结束后,检测对蓄电池包的绝缘电阻,测得的绝缘电阻应满足指标要求;用电压表分别测试蓄电池包的正极端子、负极端子与蓄电池包的最大电压,同时测得的电压值应不超过上限要求。

⑩维护后如果电动汽车动力电源系统的功能都正常,可进行使用;如果有异常情况和故障出现,应立即排除,无法排除的故障应及时与厂家联系。

(2)维护内容。

①检查动力电源系统的状态。

②检查管理系统的功能是否正常。

③对电池进行先放维护。

(3)维护方法。

①外观维护。

对电源系统的外观进行如下检查,如有问题应及时排除;如无法排除,请及时与厂家联系。

a. 检查电池包箱体是否完好,有无损坏或腐蚀。

b. 检查各紧固件螺栓、螺母是否松动。

c. 检查电池包之间的连接线是否松动。

d. 检查插头是否完好,各种线束有无损坏擦伤,有无金属部分外露。

e. 检查电池包的冷却通道是否异常。

②绝缘性能检测。

断开电池组与整车的高压连接,用数字电压表测量各个电池包的总正和总负端子对车体的电压是否小于上限值。如发现电压偏高,应测量电池包箱体与车体是否绝缘,如有问题,应由专业人员进行维修。通常可以根据系统总正和总负对车体的电压大致确认多个电池包组成的电源系统中哪一个对车体绝缘出现问题,通过测量电池包总正、总负对电池包外壳的电压,可以大致确定电池包内绝缘故障的电池模块。例如,由60只镍氢电池组成的电池包,电池包正常电压为75V(60只电池电压总和),若总正对电池包壳体的电压为28V,则大致可以判断是从总正数第22~23只电池之间出现了漏电(75/16 = 1.25,28/1.25 = 22.4),拆包进行检查,查找漏电点并消除。若同一个电池包出现多个漏电点,则电池包内可能会出现部分电池放电严重(内部形成短路),可以按照上面的方法逐个进行消除。

如果绝缘性能检测正常,可进行充放维护。

③电动汽车电池及管理系统。

a. 接通电池管理系统,采集并记录开路状态下电池组的总电压、各个电池模块的电压以及各个电池模块的温度。

b. 按厂家推荐的充、放电制度对系统进行充、放电测试。

c. 在充、放电过程中检查电池管理系统显示的电流、电压、温度和SOC是否正确,车辆正常运行过程中,检查管理系统数据显示是否正常,否则进行故障排除。

d. 接通辅助电源,运行车辆直至冷却系统工作,观察冷却通道是否通畅。

e. 检查管理系统与各部分连接是否有松动。

注意:在气温较高的情况下,在充、放电过程中应打开车内空调,并开启电池包冷却风扇通风。充电过程中应注意监测各电池模块的电压和温度,如温度超过温度上限,应停止充电。

④冷却系统。

检测进出风通道是否顺畅,风机是否能正常工作。清除防尘网上的灰尘及杂物或更换防尘网。

(4)注意事项。

a. 动力蓄电池系统化使用时,必须正确识别其正负极,不得接反,不得短路;动力电源系统充电按照指定的充电条件进行。

b. 建议在0~30℃环境温度下进行充电。

c. 动力电源系统在使用时,应严格控制放电终止电压不低于放电最低电压,否则会使电池性能和循环寿命下降等。

d. 动力电源系统的连接均应牢固可靠,动力电源系统应避免在倒置状态下工作。

e. 避免对动力电源系统长时间过度充电。

f. 环境温度过高或过低均会对动力电源系统的充电效率、放电容量、电压的稳定及使用寿命等有不良影响。

g. 电动汽车动力电源系统在使用中发生异常情况,应立即断开电源,并及时与厂家联系进行维修。

h. 严禁用金属或导线同时接触动力电源系统的正负极,以免造成短路。充足电的动力电源系统要防止短路,否则会严重损坏电池,甚至发生危险。在运输和使用时,不要损坏或拆卸电池组,以免电池组短路。

i. 动力电源系统应储存在干燥通风、温度不高于 35℃ 的环境中,请勿接近火源,并避免和酸性或其他腐蚀性气体接触。

j. 动力电源系统在充、放电过程中,如果出现异味或异常声响,请立即停止充电。

2. 电源系统重点维护

重点维护是对电源系统进行较详细的测试及检查,目的是保证电动汽车电源系统满足继续使用的要求,消除系统存在的安全隐患,延长电源系统的使用寿命。重点维护一般 6~8 个月进行一次。重点维护前先按常规维护进行检查。

(1)拆卸。

将电池包从车上拆卸下来。若电池包在车上安装位置合适,利于开包检查和维护,可不进行拆卸。

(2)开包。

①观察电池包外观,看是否有燃烧、漏液、撞击等痕迹。

②拧下电池包上盖固定螺钉,将电池包上盖取下,打开电池包。

注意:打开电池包时不要使电池包上盖与电池接触,也不要损伤电池包。

(3)电池包内部状况检查及处理。

①绝缘检测指用数字电压表测量各个电池包的总正、总负端子对车体的电压是否小于规定数值,如发现电压偏高,查找漏电点,更换绝缘部件或采取补救措施,消除安全隐患。

②检查电池包底盘和支架是否有电解液和积水等异常情况,如果存在这些异常,须更换电池,同时清理电池包安装部位,确保电池包与底盘的绝缘。

③观察电池外观整洁度,是否有液体、腐蚀等现象。同时使用毛刷、抹布清洁电池表面及零部件。

④检查电池之间的连接是否有松动、锈蚀等现象,若有,进行清理或更换。

⑤检查系统输出端子的连接、电池管理系统各连接插件是否牢固,如发现有松动即刻紧固。

⑥清理防尘网的灰尘或杂物;对于采用外进风的冷却系统,电动汽车电源系统较长时间应用,电池包内可能会积存大量灰尘等,必须进行清理,清理后再次进行绝缘检测。

⑦检查各电池外观,是否有损坏、漏液、严重变形等现象,若有,对这些电池进行标记并更换。

⑧检测每只电池的电压,对电压异常的电池进行维护或更换。

⑨数据采集系统的检查,检查各连线是否连接牢固,检查各焊点是否有松动、脱焊现象,否则进行补焊。

注意:本部分工作与电池直接接触,操作过程中注意避免发生触电事故,不要使电池发生短路,电池包的开包检查与更换必须由专业人员进行。

3. 电源系统储存维护

储存维护是对长期储存(时间超过 3 个月)的电动汽车电源系统进行测试及检查,目的是避免因长期不使用而引起的性能衰降,同时消除电池组存在的安全隐患。

(1)环境要求。

①环境温度范围为 15 ~ 30℃。

②环境相对湿度范围最大为 80%。

(2)维护方法。

有条件的话对电源系统进行一次全充全放,以使电池性能得到活化。在没有放电设备条件下,进行充电维护,按照常规充电方法或厂家推荐的充电方法将电源系统充满电。对于经历长期储存的电系统/电池,首次充电必须采用较小电流进行。主要目的是:

①各类电池均不适宜在较低电压下进行储存,定期补充电将提高电池的储存性能。

②通过充电调整电动汽车电池的电压一致性。

对于铅酸蓄电池,储存时荷电量一般保持在满充电状态。对于 Ni/MH 电池,一般保持在 20% ~60% 的荷电态。对于 Li 系列电池,荷电量保持在 40% ~80% 为宜。

三、任务测试(工作页)

(一)资讯收集

(1)查阅资料,写出动力蓄电池系统维护技术要求及车辆使用注意事项。

技术要求:

① _____

② _____

③ _____

④ _____

车辆使用注意事项:

① _____

② _____

③ _____

④ _____

(2)比亚迪 e5 动力蓄电池是磷酸铁锂电池组,请在图 9-2 三个空格中填写动力蓄电池的安装位置。

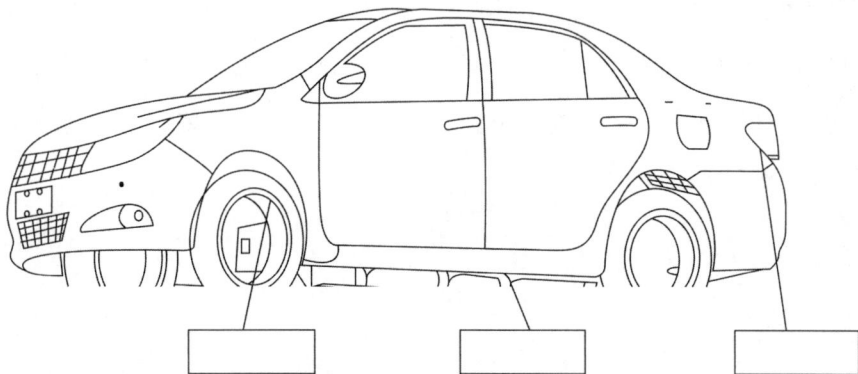

图 9-2　比亚迪 e5 动力蓄电池安装位置

(3)电源系统常规维护是对影响电源使用过程中的安全隐患进行检查和排除,避免发生危险性事故。请写出常规维护的程序、维护内容、维护方法、注意事项。

常规维护的程序：

① _____

② _____

③ _____

④ _____

常规维护的内容：

① _____

② _____

③ _____

④ _____

常规维护的方法：

① _____

② _____

③ _____

④ _____

常规维护的注意事项：

① _____

② _____

③ _____

④ _____

(二)计划决策

请各小组分工合作,充分考虑可行性、经济性、环保性要求,制订纯电动汽车动力蓄电池检查与维护方案。

(三)任务实施

请严格按维修手册的要求完成纯电动汽车动力蓄电池的拆检与维护,纯电动汽车动力蓄电池维护记录见表9-1。

纯电动汽车动力蓄电池维护记录表　　　　　　　　　　表9-1

序号	实 施 步 骤	是 否 完 成
一、检查与维护前的准备工作		
1	关闭点火开关,拔下钥匙	是□　否□
2	拆下低压蓄电池负极,使用绝缘胶带包好	是□　否□
二、拆卸维修开关		
1	打开扶手箱,拆除扶手箱内饰	是□　否□
2	戴绝缘手套把维修开关拔出,并放置在安全位置	是□　否□
三、拆装动力蓄电池模组		
	使用动力蓄电池举升机完成对动力蓄电池模组的拆解	是□　否□
四、开包		
1	拆除后,观察电池包外观,看是否有燃烧、漏液、撞击等痕迹	是□　否□
2	拧下电池包上盖固定螺钉,将电池包上盖取下,打开电池包	是□　否□
3	拆卸过程一定要佩戴绝缘手套	是□　否□
五、电池包内部状况检查及处理		
1	检查电池包底盘和支架是否有电解液和积水等异常情况	是□　否□
2	观察电池外观整洁度,是否有液体、腐蚀等现象	是□　否□
3	检查电池之间的连接是否有松动、锈蚀等现象	是□　否□
4	检查系统输出端子的连接、电池管理系统各连接插件是否牢固	是□　否□
5	清理防尘网的灰尘或杂物	是□　否□
6	检查各电池外观,是否有损坏、漏液、严重变形等现象	是□　否□
7	检测每只电池的电压,对电压异常的电池进行维护或更换	是□　否□
8	数据采集系统的检查,检查各连线是否连接牢固,检查各焊点是否有松动、脱焊现象	是□　否□
六、6S 管理		

(四)评价反馈

评价反馈见表9-2。

评　价　表　　　　　　　　　　表 9-2

评价项目	考核标准	完成效果				自评 (25%)	组评 (25%)	师评 (50%)
		优秀	良好	一般	需努力			
任务完成过程 (40)	作业前后的 6S 管理	5	4	3	2			
	对存疑问题点有所记录,在课堂上积极提问,并解决存疑的问题	5	4	3	2			
	成果报告	10	8	6	4			
	工艺卡(实施方案)	10	8	6	4			
	信息查询能力和工作页完成情况	5	4	3	2			
	工具设备选用、安装方法合理/正确,能处理完成任务过程中出现的突发问题	5	4	3	2			
任务质量 (30)	维护是否全面到位	15	8	3	2			
	能否解决顾客问题	15	8	6	4			
团队协作 (15)	积极参与讨论、有协作精神、为其他同学提供帮助	5	4	3	2			
	在学习中提出独特的见解,帮助本组同学解决学习难题	10	8	6	4			
学习情况 (15)	出勤情况良好,无缺勤,无迟到、早退	5	4	3	2			
	课内外均有参与学习活动	5	4	3	2			
	遵守课堂纪律,有良好的行为习惯,无损坏设备	5	4	3	2			
合计								

教师建议:

项目四 新能源汽车驱动电机系统的检查与维护

学习任务 10 检查与维护驱动电机

学习目标

完成本学习任务后,你应当达到如下目标:

1. 通过查找相关资料,能正确叙述新能源汽车驱动电机的作用和工作原理;

2. 通过小组讨论,能制订检查与维护驱动电机的方法;

3. 能正确使用安全防护用品,按技术标准对驱动电机进行检查与维护;

4. 能在工作过程中,注重安全、环保、节约意识,为车主提供合理用车建议。

建议课时

6 课时。

任务描述

深圳的黄先生驾驶的比亚迪 e5 已行驶 46000km,现入 4S 店维护,作为技术员,请你根据维修手册及技术标准完成对驱动电机的检查与维护。

一、信息收集

1. 驱动电机系统维护周期

(1)日常维护:1~2 次/周。

(2)定期维护:半年或 1 万 km。

2．日常检查和维护驱动电机项目

(1)检查并清洁驱动电机的外观。

(2)检查驱动电机插接件是否紧固。

(3)检查车辆运行过程中驱动电机是否有异响。

3．定期检查与维护驱动电机项目

(1)检查并清洁驱动电机的外观。

(2)检查驱动电机插接件是否紧固。

(3)检查驱动电机螺栓是否坚固。

(4)检查驱动电机的绝缘性。

(5)检查车辆运行过程中驱动电机是否有异响。

(6)检查驱动电机定子绕组的电阻值是否符合技术标准。

(7)检查驱动电机旋变传感器的电阻值是否符合技术标准。

(8)检查驱动电机温度传感器的电阻值是否符合技术标准。

二、任务实施

(一) 准备工作

由于新能源驱动电机属于高压部件,在车辆维护过程中,需要做好以下工作。

1．专用工具的准备

(1)检修仪器,配备有专门的检修仪器,如 Prius 配备有智能测试仪。

(2)常用仪表,如电压表、欧姆表、绝缘测试仪等。

(3)专用工具,如螺丝刀、扳手等,这些常用工具必须有绝缘措施。

(4)常用物料,如绝缘胶带、扎带等。

2．个人防护

电动汽车使用高压电路,在检修前必须做好以下个人防护措施:

(1)佩戴绝缘手套。

(2)穿防护鞋、工作服等。

(3)手腕、身上不能佩戴金属物件,如金银手链、戒指、手表、项链等物品。

(二) 注意事项

电动汽车系统使用高压电路,不正确的操作可能导致电击或漏电。所以,在检修过程中拆卸、检查、更换零件时,必须注意下列事项:

（1）检修前必须熟悉车辆说明书和电源系统说明书。

（2）操作高压系统时断开电源。断开电源时须注意,通常断开高压或辅助电源,系统内故障诊断代码有可能会被清除,所以须首先检查读取故障代码后再断开电源。

（3）断开电源后放置车辆5min,需要对车辆系统内的高压电容器进行放电。

（4）佩戴绝缘手套,并确保绝缘手套没有破损。(注意,不要戴湿手套)。

（5）高压电路的线束和连接器通常为橙色,高压零部件通常贴有"高压"警示,操作这些线束和附件时需要特别注意。

（6）对高压系统进行操作时,在旁边放置"高压工作,请勿靠近"的警告牌。

（7）不要携带任何类似卡尺或测量卷尺等的金属物体,因为这些物件可能掉落从而引起短路。

（8）拆下任何高压配线后,立刻用绝缘胶带将其绝缘。

（9）一定要按规定扭矩将高压螺钉端子拧紧。扭矩不足或过量都会导致故障。

（10）完成对高压系统的操作后,应再次确认在工作台周围没有遗留任何零件或者工具以及确认高压端子已经拧紧并和连接器连接。

注意:

(1)检查驱动电机绝缘性时一定要断开高低压电,断开插接件时注意安全。

(2)对纯电动汽车高压部件进行维护作业前,必须做好高压安全防护准备。

(三)维护作业

1. 检查并清洁驱动电机的外观

(1)检查驱动电机是否有磕碰、损坏,表面是否漏液,如图10-1所示。

(2)检查驱动电机冷却液液面高度是否正常,如图10-2所示。

图 10-1　驱动电机外观检查

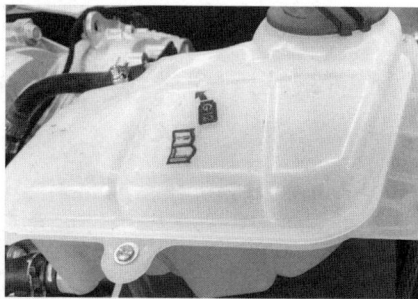

图 10-2　冷却液液面高度检查

(3)检查驱动电机的冷却水管是否有泄漏,如图10-3所示。

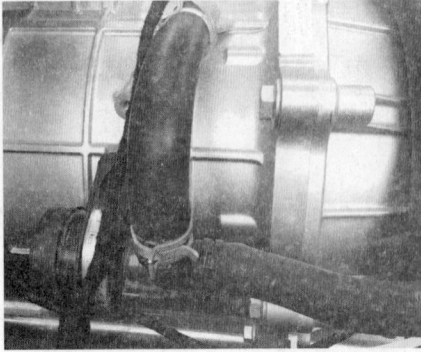

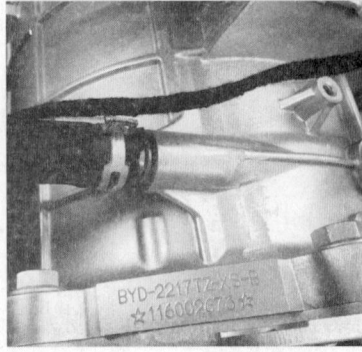

图 10-3　冷却水管检查

(4)清洁驱动电机表面的灰尘、油泥。

用高压气枪或干布对驱动电机的外观进行清洁。

注意:严禁使用水枪对驱动电机及高压部件喷水清洗。

2.检查驱动电机的插接件

(1)佩戴绝缘手套检查驱动电机高压插接件连接是否紧固,如图 10-4 所示。

(2)检查驱动电机各传感器插接件是否紧固,如图 10-5 所示。

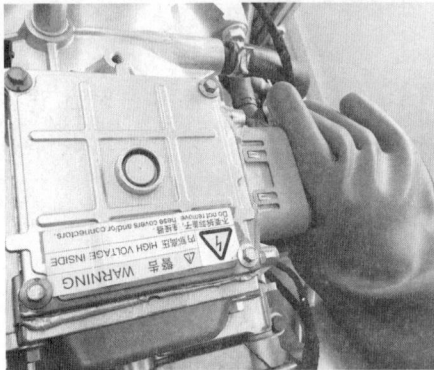

电机温度传感器　　电机旋变传感器

图 10-4　驱动电机高压接头检查　　　　图 10-5　传感器插头检查

3.检查驱动电机的螺栓

检查驱动电机与变速器总成安装力矩是否符合技术标准,比亚迪 e5 轿车螺栓安装力矩见表 10-1。

固定螺栓力矩　　　　　　　　　　　表 10-1

名　　称	力矩(N·m)
驱动电机与变速器总成安装螺栓	30
驱动电机固定螺栓	50～55

4.检查驱动电机的绝缘性

测量驱动电机搭铁绝缘,将量程调至500V,将黑表笔搭铁,红表笔分别测量驱动电机三相端子,要求每相的测量值大于或等于550MΩ,如图10-6所示。

注意:测量驱动电机三相绝缘前,首先要对绝缘兆欧表进行检验,确定绝缘兆欧表合格后才能进行测量。

5.检查驱动电机定子绕组电阻值

使用数字式万用表,分别测量驱动电机三相定子绕组间的电阻值应小于1Ω,并且分别使电机壳体绝缘,如图10-7所示。

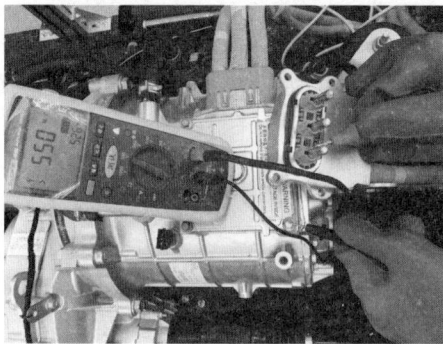

图10-6　测量电机绝缘性

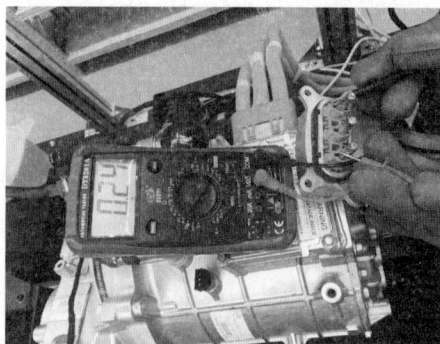

图10-7　测量三相绕组电阻值

6.检查旋变传感器及电机温度传感器的电阻值

(1)使用数字式万用表,分别测量旋变传感器A-B、C-D、E-F组的电阻值是否符合技术标准,如图10-8所示。

(2)使用数字式万用表,测量电机温度传感器的电阻值是否符合技术标准,如图10-9所示。

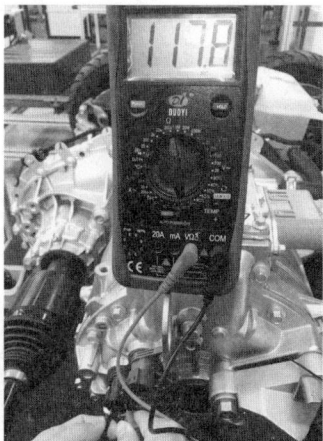

图10-8　测量旋变传感器

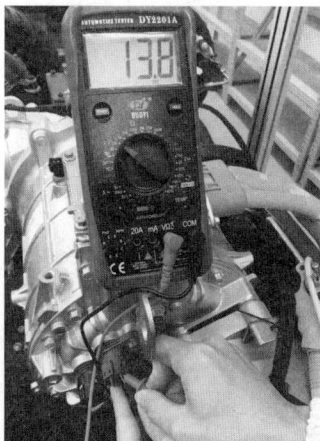

图10-9　测量电机温度传感器

三、任务测试(工作页)

(一)资讯收集

(1)电机是一种将_____转化成机械能,并再使机械能产生_____,用来_____其他装置的电气设备。

(2)混合动力汽车和纯电动汽车的电机,作为_____使用,也同时作为_____使用。

(3)新能源的驱动电机使用两个主要传感器,分别是_____和_____。

(4)永磁同步电机(PMSM)有_____、_____、_____的优点。

(5)请在图10-10横线处填写驱动电机的部件名称。

图10-10　驱动电机结构图

(二)计划决策

请各小组分工合作,充分考虑可行性、经济性、环保性要求,制订驱动电机检查与维修方案。

(三)任务实施

请严格按维修手册的要求完成表10-2中驱动电机的检查与维护。

实 施 记 录 表　　　　　　　　　　表 10-2

序号	检查与维护步骤	是 否 正 常
	一、检查与维护前的准备项目	
1	关闭点火开关,安装防护用具,准备工、量具	是□　否□
2	拆下低压蓄电池负极,并用绝缘胶布包裹	是□　否□
3	佩戴绝缘手套,断开动力蓄电池高压维修开关	是□　否□
	二、检查驱动电机外观	
1	清除驱动电机外部的灰尘、油泥	
2	检查驱动电机螺栓紧固情况	是□　否□
	三、检查电路线束	
1	检查驱动电机电路线束及插接件连接处是否对插到位,有无松动、破损、腐蚀	是□　否□
2	检查插接件线束波纹管有无破损	是□　否□
3	检查高压互锁插件内插针是否有退针、弯曲等异常现象	是□　否□
4	检查驱动电机的绝缘情况	是□　否□
	四、检查驱动电机三相定子绕组电阻值是否正常	是□　否□
	五、检查旋变传感器的电阻值是否正常	是□　否□
	六、检查温度传感器的电阻值是否正常	是□　否□
	七、5S 管理	

(四)评价反馈

评价反馈见表 10-3。

评 价 表　　　　　　　　　　表 10-3

评价项目	考核标准	完成效果				自评 (25%)	组评 (25%)	师评 (50%)
		优秀	良好	一般	需努力			
任务完成过程 (40)	作业前后的 6S 管理	5	4	3	2			
	对存疑问题点有所记录,在课堂上积极提问,并解决存疑的问题	5	4	3	2			
	成果报告	10	8	6	4			
	工艺卡(实施方案)	10	8	6	4			
	信息查询能力和工作页完成情况	5	4	3	2			
	工具设备选用、安装方法合理/正确,能处理完成任务过程中出现的突发问题	5	4	3	2			

续上表

评价项目	考核标准	完成效果				自评 (25%)	组评 (25%)	师评 (50%)
		优秀	良好	一般	需努力			
任务质量 (30)	维护是否全面到位	15	8	3	2			
	能否解决顾客问题	15	8	6	4			
团队协作 (15)	积极参与讨论、有协作精神、为其他同学提供帮助	5	4	3	2			
	在学习中提出独特的见解,帮助本组同学解决学习难题	10	8	6	4			
学习情况 (15)	出勤情况良好,无缺勤,无迟到、早退	5	4	3	2			
	课内外均有参与学习活动	5	4	3	2			
	遵守课堂纪律,有良好的行为习惯,无损坏设备	5	4	3	2			
合计								

教师建议:

学习任务 11　检查与维护高压电控总成

学习目标

完成本学习任务后,你应当达到如下目标:

1. 通过查找相关资料,能正确叙述新能源汽车高压电控总成的作用和工作原理;

2. 能正确使用安全防护用品,按技术标准对高压电控总成进行检查与维护;

3. 能在工作过程中,注重安全、环保、节约意识,为车主提供合理用车建议。

建议课时

6 课时。

深圳的黄先生驾驶的比亚迪 e5 已行驶 46000km,现入 4S 店维护,作为技术员,请你根据维修手册及技术标准完成对高压电控总成的检查与维护。

一、信息收集

1. 高压电控总成的安装位置

以比亚迪 e5 轿车为例,高压电控总成安装在车辆前机舱,如图 11-1 所示。

图 11-1　比亚迪 e5 驱动电机控制器安装位置

2. 高压电控总成的结构

以比亚迪 e5 纯电动汽车为例,高压电控总成内部结构如图 11-2 所示。

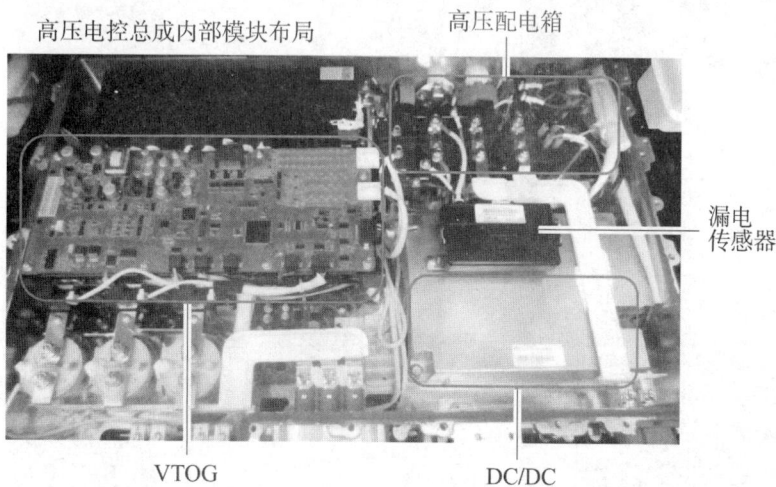

高压电控总成内部模块布局　　　　　高压配电箱

漏电传感器

VTOG　　　　　DC/DC

图 11-2　高压电控总成内部结构图

高压电控总成外部各部件连接如图 11-3 所示。

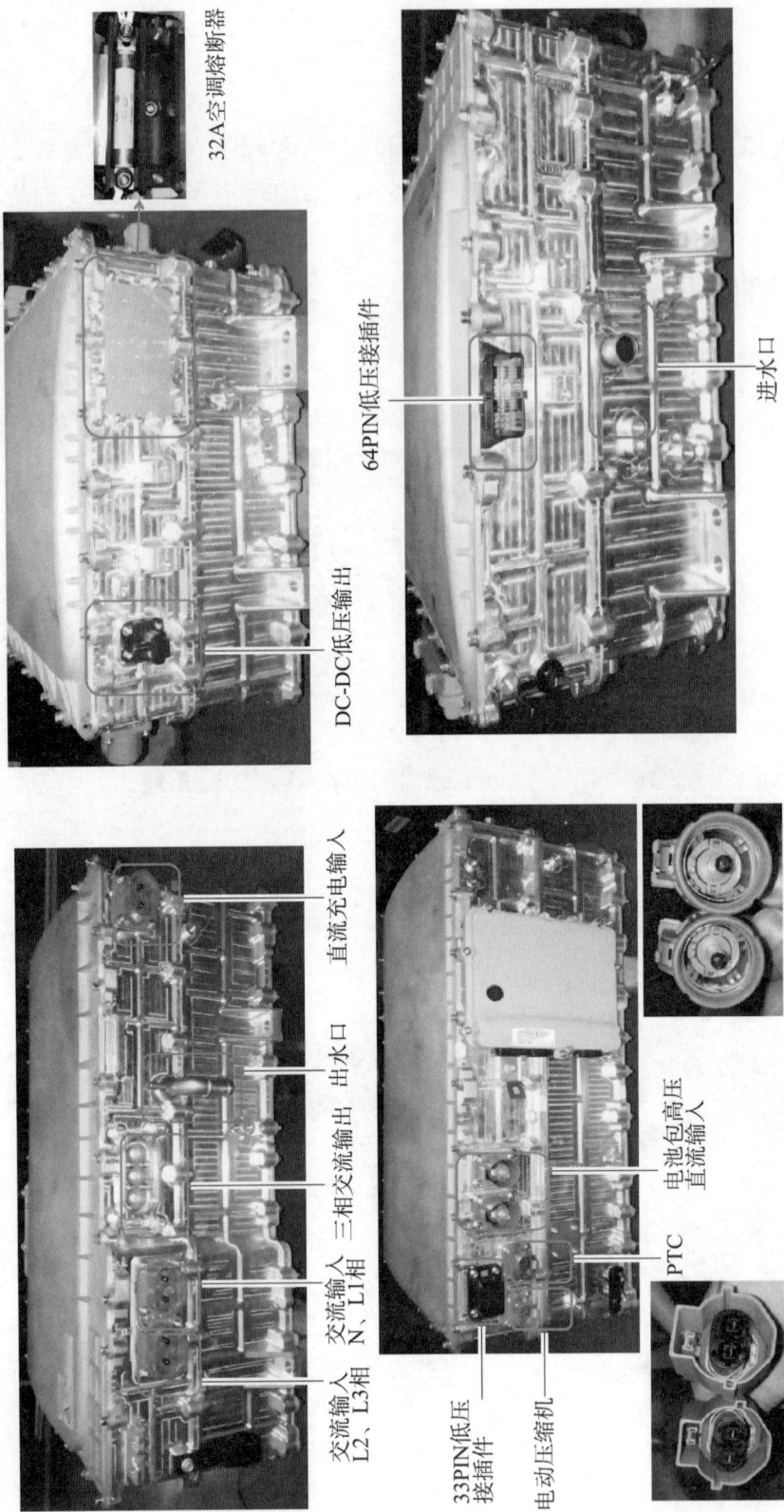

图11-3 高压电控总成外部连接图

32A空调熔断器

DC-DC低压输出

64PIN低压接插件

进水口

直流充电输入

出水口

三相交流输出

交流输入 N、L1相

交流输入 L2、L3相

33PIN低压接插件

电动压缩机

PTC

电池包高压直流输入

二、任务实施

注意：

(1)检查驱动电机控制器时一定要断开高低压电，断开插接件时注意安全。

(2)对纯电动汽车高压部件进行维护作业前，必须做好高压安全防护准备。

(一)准备工作

1. 专用工具的准备

(1)检修仪器，配备有专门的检修仪器，如 Prius 配备有智能测试仪。

(2)常用仪表，如电压表、欧姆表、绝缘测试仪等。

(3)专用工具，如螺丝刀、扳手等，这些常用工具必须有绝缘措施。

(4)常用物料，如绝缘胶带、扎带等。

2. 个人防护

电动汽车使用高压电路，在检修前必须做好以下个人防护措施：

(1)佩戴绝缘手套。

(2)穿防护鞋、工作服等。

(3)手腕、身上不能佩戴金属物件，如金银手链、戒指、手表、项链等物品。

(二)操作步骤

1. 检查高压电控总成表面

检查高压电控总成表面是否有油渍污垢，如图 11-4 所示。

2. 检查高压电控总成冷却水管、接头处

检查高压电控总成冷却水管、接头处是否有渗漏，如图 11-5 所示。

图 11-4　检查控制器表面是否有油渍污垢

图 11-5　检查冷却水管、接头处是否有渗漏

3.检查高压电控总成连接器及插接件

(1)检查 DC-DC 充电输出端连接器是否正常,如图 11-6 所示。

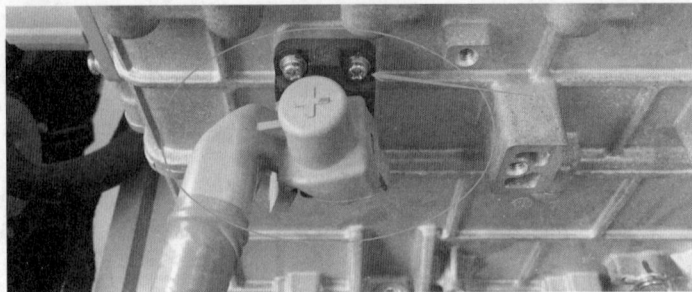

图 11-6　检查 DC-DC 充电输出端

(2)检查交、直流充电插接件是否紧固,如图 11-7 所示。

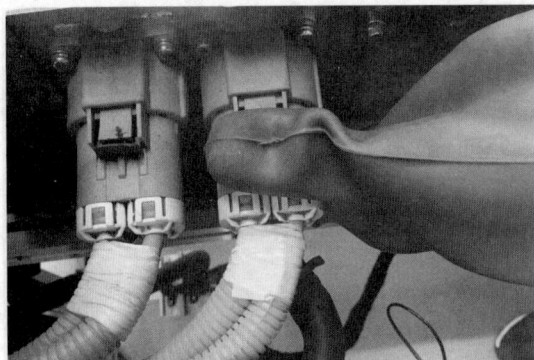

图 11-7　检查交、直流充电插件器

(3)检查驱动电机连接器是否紧固,如图 11-8 所示。

(4)检查空调系统连接器及低压插件是否正常,如图 11-9 所示。

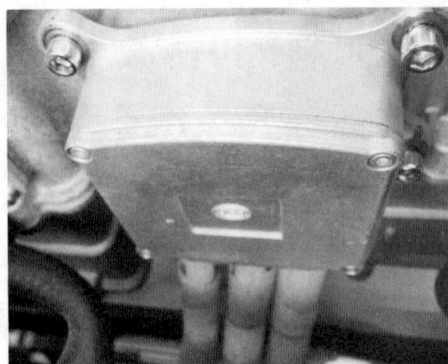

图 11-8　检查驱动电机连接器

图 11-9　检查空调系统连接器及低压插件

(5)检查驱动电机控制器附件高压线束有无老化、裂纹现象,如图 11-10 所示。

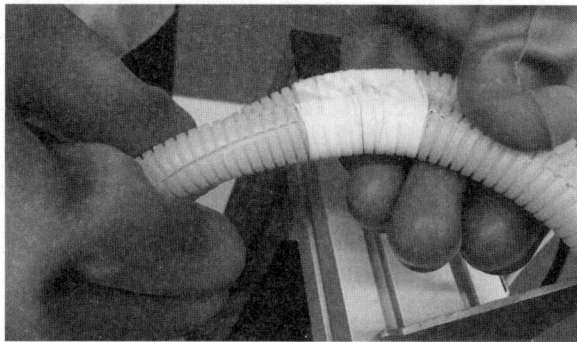

图 11-10　检查高压线束

4.清洁高压电控总成

用高压气枪或干布清除高压电控总成表面的灰尘、油泥。

注意：严禁使用水枪对驱动电机及高压部件喷水清洗。

三、任务测试(工作页)

(一)资讯收集

1.填空题

(1)驱动电机管理模块通常简称＿＿＿＿＿，主要用于管理和控制驱动电机的＿＿＿＿、方向以及将驱动电机作为逆变电机＿＿＿＿＿。

(2)驱动电机控制器系统主要是由高压配电、＿＿＿＿、＿＿＿＿及相关的传感器组成。

(3)纯电模式下,DC 的功能替代了传统燃油车挂接在发动机上的＿＿＿＿,和蓄电池并联给各用电器提供＿＿＿＿电源。

(4)电机转速由＿＿＿＿进行控制和监测。

2.判断题

(1)PCU 具有集成控制功能的驱动电机管理模块,即具备 MCU 与 DC/DC 转换器功能。　　　　　　　　　　　　　　　　(　　)

(2)当交流—直流转换形成后,交流—直流转换器就成为逆变器。　(　　)

(3)在纯电动汽车或者混合动力汽车上安装的静态逆变器是用来改变电功率表现形式的。　　　　　　　　　　　　　　　(　　)

(4)驱动电机控制器主要依靠电流传感器、电压传感器、温度传感器来进行电机运行状态的监测,根据相应参数进行电压、电流的调整控制以及其他控制功能的完成。　　　　　　　　　　　　　　　　(　　)

3. 不定项选择题

（1）驱动电机管理系统的主要功能有（　　）。

  A. 逆变作用实现电流的转换   B. 对电机的管理

  C. 直流—直流的输出管理   D. 车辆挡位的控制

（2）逆变器用于转换的电压方式有（　　）。

  A. 直流—交流转换   B. 交流—直流转换

  C. 直流—直流转换   D. 不转换

（3）下列关于 IGBT 的描述,错误的是（　　）。

  A. 中文名称为绝缘栅双极型晶体管

  B. 具有输入阻抗低、开关速度慢的缺点

  C. 具有驱动电路简单、通态电压低、能承受高电压大电流的优点

  D. 已广泛应用于变频器和其他调速电路中

（二）计划决策

请各小组分工合作,充分考虑可行性、经济性、环保性要求,制订方案。

（三）任务实施

请严格按维修手册的要求完成高压电控总成的检查与维护,高压电控总成的检查与维护实施记录见表 11-1。

实施记录表   表 11-1

序号	维护步骤	是否正常
	一、维护前的准备项目	
1	关闭点火开关,安装防护用具,准备工、量具	是□ 否□
2	拆下低压蓄电池负极,并用绝缘胶布包裹	是□ 否□
3	佩戴绝缘手套,断开动力蓄电池高压维修开关	是□ 否□
	二、检查并清洁高压电控总成表面	
1	清除高压电控总成外部的灰尘、油泥	是□ 否□

续上表

序号	维护步骤	是否正常
2	检查高压电控总成冷却水管及接头是否有裂纹、渗漏	是□　否□
3	检查高压电控总成高压线束及插接件连接处是否对插到位,有无松动、破损、腐蚀	是□　否□
4	检查高压线束波纹管有无破损	是□　否□
5	检查高压电控总成低压线束及插接件连接处是否对插到位,有无松动、破损、腐蚀	是□　否□
6	检查高压电控总成的紧固情况	是□　否□
三、检查高压电控总成高压线缆绝缘性阻值是否正常		是□　否□
四、5S 管理		

(四) 评价反馈

评价反馈见表 11-2。

评 价 表　　　　　　　　　　　　　　　　　　表 11-2

评价项目	考核标准	完成效果				自评 (25%)	组评 (25%)	师评 (50%)
		优秀	良好	一般	需努力			
任务完成过程 (40)	作业前后的 6S 管理	5	4	3	2			
	对存疑问题点有所记录,在课堂上积极提问,并解决存疑的问题	5	4	3	2			
	成果报告	10	8	6	4			
	工艺卡(实施方案)	10	8	6	4			
	信息查询能力和工作页完成情况	5	4	3	2			
	工具设备选用、安装方法合理/正确,能处理完成任务过程中出现的突发问题	5	4	3	2			
任务质量 (30)	维护是否全面到位	15	8	3	2			
	能否解决顾客问题	15	8	6	4			
团队协作 (15)	积极参与讨论、有协作精神、为其他同学提供帮助	5	4	3	2			
	在学习中提出独特的见解,帮助本组同学解决学习难题	10	8	6	4			

续上表

评价项目	考核标准	完成效果				自评 (25%)	组评 (25%)	师评 (50%)
		优秀	良好	一般	需努力			
学习情况 (15)	出勤情况良好,无缺勤,无迟到、早退	5	4	3	2			
	课内外均有参与学习活动	5	4	3	2			
	遵守课堂纪律,有良好的行为习惯,无损坏设备	5	4	3	2			
合计								
教师建议:								

学习任务 12　检查与维护减速器

学习目标

完成本学习任务后,你应当达到如下目标:

1.通过查找相关资料,能正确叙述新能源汽车减速器的作用和工作原理;

2.通过小组讨论,能制订检查与维护减速器的方案,按技术标准进行检查与维护;

3.能在工作过程中,注重安全、环保、节约意识,为车主提供合理用车建议。

建议课时

2课时。

任务描述

刘先生驾驶的比亚迪 e5 近期发现减速器部件附近有油渍现象,现入 4S 店维护,作为技术员,请你根据维修手册及技术标准完成对减速器的检查与维护。

一、信息收集

1.减速器的安装位置

减速器的主要作用是将纯电动汽车采用的大功率电机的转速降低、转矩升高,有效改变整车的传动比,实现整车对驱动电机转速和转矩的需求。比亚迪e5纯电动汽车采用前置前驱减速器,安装位置如图12-1所示。

图 12-1 减速器的安装位置

2.减速器的结构

以比亚迪e5轿车为例,动力传递机械结构如图12-2所示。

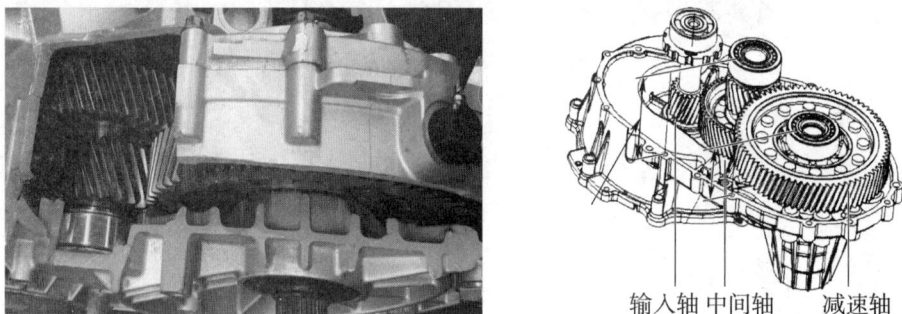

输入轴 中间轴 减速轴

图 12-2 减速器结构图

二、任务实施

注意:

(1)比亚迪e5首次保修55000km更换齿轮油,之后每60000km更换。

(2)比亚迪e5减速器注油螺塞拧紧力矩:30N·m。

(一)准备工作

1.专用工具的准备

(1)检修仪器,配备有专门的检修仪器,如 Prius 配备有智能测试仪。

（2）常用仪表，如电压表、欧姆表、绝缘测试仪等。

（3）专用工具，如螺丝刀、扳手等，这些常用工具必须有绝缘措施。

（4）常用物料，如绝缘胶带、扎带等。

2. 个人防护

电动汽车使用高压电路，在检修前必须做好以下个人防护措施：

（1）佩戴绝缘手套。

（2）穿防护鞋、工作服等。

（3）手腕、身上不能佩戴金属物件，如金银手链、戒指、手表、项链等物品。

（二）操作步骤

1. 检查减速器外观

（1）检查并清洁减速器的外观。

（2）检查减速器是否有磕碰、漏油情况，如图 12-3 所示。

图 12-3 检查减速器的外观

2. 检查紧固减速器螺栓

减速器通过 10 颗螺栓与驱动电机连接，如图 12-4 所示，拧紧力矩为 25N·m。与车身连接的螺栓拧紧力矩为 45N·m，如图 12-5 所示。

图 12-4 驱动电机连接螺栓

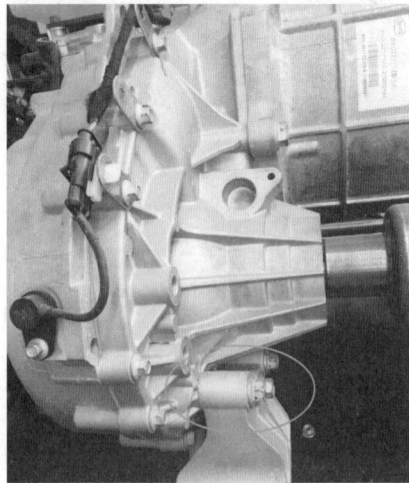

图 12-5 车身连接螺栓

3.检查减速器半轴防尘罩密封情况

检查减速器半轴防尘罩有无破损、润滑脂泄漏,防尘罩卡箍有无松动情况,如图12-6所示。

4.检查和更换减速器润滑油

(1)检查减速器润滑油的方法如下:

确认车辆是否处于水平状态,拆下油位螺栓是否与润滑油齐平,齐平,说明油位正常,否则,应补加规定的润滑油。

(2)更换减速器润滑油的方法如下:

①下电,水平举升车辆。

②拆下放油螺塞,如图12-7所示,排放废油。

图12-6 检查减速器半轴防尘罩

图12-7 拆放油螺塞

③将放油螺塞涂少量密封胶,并按规定力矩拧紧。

④拆下油位螺塞、进油螺塞。

⑤按规定型号加注润滑油至规定油量。

5.检查减速器是否有异响

检查运行车辆减速器是否有异常噪声,若有,则做进一步拆解检查。

三、任务测试(工作页)

(一)资讯收集

(1)减速器的主要作用:_____。

(2)简述减速器更换润滑油的方法。

(二)计划决策

请各小组分工合作,充分考虑可行性、经济性、环保性要求,制订减速器检查与维护方案。

(三)任务实施

请严格按维修手册的要求完成减速器的检查与维护,减速器的检查与维护实施记录见表12-1。

实 施 记 录 表　　　　　表 12-1

序号	维 护 步 骤	是 否 正 常
	一、维护前的准备项目	
1	关闭点火开关,安装防护用具,准备工、量具	是□　否□
2	拆下低压蓄电池负极,并用绝缘胶布包裹	是□　否□
3	佩戴绝缘手套,断开动力蓄电池高压维修开关	是□　否□
	二、检查减速器的外观	
1	清除减速器外部的灰尘、油泥	
2	检查减速器是否有磕碰、漏油情况	是□　否□
3	检查减速器螺栓紧固情况	是□　否□
4	检查减速器半轴防尘罩有无破损、漏油,防尘箍有无松动	是□　否□
	三、检查减速器润滑油	
1	检查减速器油位是否正常	是□　否□
2	检查减速器放油螺塞拧紧力矩是否正常	是□　否□
	四、5S 管理	是□　否□

(四)评价反馈

评价反馈见表12-2。

评　价　表　　　　　　　　　　　　　表 12-2

评价项目	考核标准	完成效果				自评(25%)	组评(25%)	师评(50%)
		优秀	良好	一般	需努力			
任务完成过程(40)	作业前后的6S管理	5	4	3	2			
	对存疑问题点有所记录,在课堂上积极提问,并解决存疑的问题	5	4	3	2			
	成果报告	10	8	6	4			
	工艺卡(实施方案)	10	8	6	4			
	信息查询能力和工作页完成情况	5	4	3	2			
	工具设备选用、安装方法合理/正确,能处理完成任务过程中出现的突发问题	5	4	3	2			
任务质量(30)	维护是否全面到位	15	8	3	2			
	能否解决顾客问题	15	8	6	4			
团队协作(15)	积极参与讨论、有协作精神、为其他同学提供帮助	5	4	3	2			
	在学习中提出独特的见解,帮助本组同学解决学习难题	10	8	6	4			
学习情况(15)	出勤情况良好,无缺勤,无迟到、早退	5	4	3	2			
	课内外均有参与学习活动	5	4	3	2			
	遵守课堂纪律,有良好的行为习惯,无损坏设备	5	4	3	2			
合计								

教师建议:

学习任务 13　检查与维护冷却系统

学习目标

完成本学习任务后,你应当达到如下目标:

1. 通过查找相关资料,能正确叙述新能源汽车冷却系统的作用和工作原理;

2. 通过小组讨论,能制订检查与维护冷却系统的方案,按技术标准进行检查与维护;

3. 能在工作过程中,注重安全、环保、节约意识,为车主提供合理用车建议。

建议课时

2 课时。

任务描述

冯先生驾驶的比亚迪 e5 出租车近期行驶途中仪表总是出现"⌇⌇⌇▭⧄▭",现入 4S 店维护,作为技术员,请你根据维修手册及技术标准分析警告灯亮的原因并完成对冷却系统的检查与维护。

一、信息收集

1. 冷却系统的作用

纯电动汽车冷却系统的主要作用是降低驱动电机、高压电控总成及车载充电机产生的热量,保证车辆各部件在规定的温度内能稳定、高效工作。

冷却系统由主控制器进行控制,通过对冷却液温度传感器的检测,并且参考空调请求状态共同对冷却风扇的控制,确保各系统在正常温度下工作。

2. 冷却系统的组成

纯电动汽车冷却系统主要由电动水泵、散热器、电子风扇、膨胀水箱和冷却液等组成。

（1）电动水泵。电动水泵是冷却液循环的动力元件，如图13-1所示，作用是对冷却液进行加压，促使冷却液在冷却系统循环，带走系统散发的热量。比亚迪e5将电动水泵安装在电机前部底端。

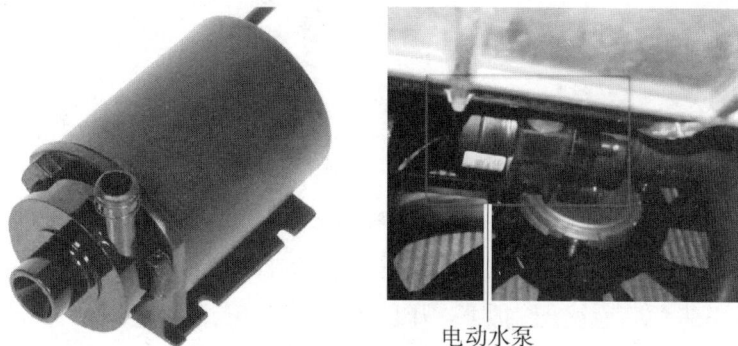

电动水泵

图13-1 电动水泵及安装位置

（2）电子风扇。电子风扇置于散热器的后面，如图13-2所示。作用是当风扇旋转时吸进空气使其通过散热器，提高流经散热器的空气流速和流量，提高冷却性能，使电机和高压电控总成能在规定的温度下正常工作，电子风扇由整车控制器控制风扇的运行，风扇工作条件如图13-3所示。

图13-2 电子风扇

风扇工作条件：
①冷却液水温：40～50℃低速请求；>55℃高速请求。
②IPM：53～64℃低速请求；>64℃高速请求；>85℃报警。
③IGBT：55～75℃低速请求；>75℃高速请求；>90℃限制功率输出；>100℃报警。
④电机温度：90～110℃低速请求；>110℃高速请求。

图13-3 电子风扇的工作条件

（3）膨胀水箱。膨胀水箱为冷却系统冷却液的排气、膨胀和收缩提供受压

图 13-4　膨胀水箱

容积,也作为冷却液的加注口,如图 13-4 所示。

(4)冷却液。冷却液具有防腐蚀、防水垢和防冻结等作用。

二、任务实施

(一)准备工作

1. 专用工具的准备

(1)检修仪器,配备抽液机。

(2)常用仪表,如电压表、欧姆表、绝缘测试仪等。

(3)专用工具,如螺丝刀、扳手、开口钳等。

(4)常用物料,如绝缘胶带、扎带等。

2. 个人防护

电动汽车使用高压电路,在检修前必须做好以下个人防护措施:

(1)佩戴绝缘手套、护目镜等。

(2)穿防护鞋、工作服等。

(3)手腕、身上不能佩戴金属物件,如金银手链、戒指、手表、项链等物品。

(二)操作步骤

1. 检查冷却系统管路及卡箍

检查冷却系统各管路及各零部件有无泄漏情况,卡箍有无松动,如图 13-5 所示。

2. 检查散热器

检查散热器翅片是否有变形,散热片是否有碎屑堆积,如有,须进行清洗,如图 13-6 所示。

注意:严禁使用高压水枪对散热片进行喷水清洗。

图 13-5　检查冷却系统管路及卡箍

图 13-6　检查散热器

3.检查电动水泵

检查水泵接口是否有泄漏,是否存在异响,检查水泵线束是否老化等,如图13-7所示。

图13-7　检查电动水泵

4.检查冷却液液位高度

检查冷却液液位高度需将车辆停放在水平路面上,应在电机、高压电控总成降温后检查,液位高度如图13-8所示。

5.更换冷却液

在冷却液中含有添加剂和抗泡沫添加剂,添加剂会在使用过程中逐渐地丧失应有的功能,以至于无法对冷却系统内部

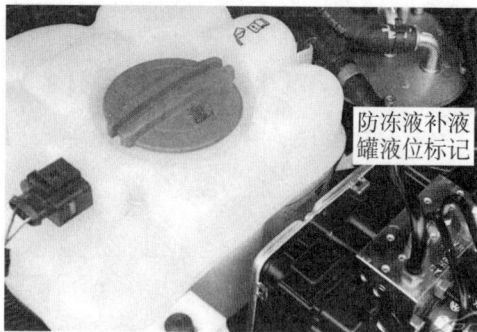

图13-8　检查冷却液液位高度

进行很好的保护,也就是说,在冷却系统不发生泄漏的前提下,冷却液对于温度的控制基本不会变,但由于添加剂失效,特别是抗泡沫添加剂,在水泵叶轮的搅动下,会使冷却液产生气泡,气泡会大大削弱冷却液的效果。所以,冷却液需按期更换,更换步骤如下:

(1)用抹布小心谨慎地拧开散热器密封盖。

(2)拧下散热器底部的冷却液排放螺塞,如图13-9所示。

(3)排放废旧冷却液。

(4)添加新的冷却液,如图13-10所示。

注意:

(1)更换冷却液应佩戴好护目镜,穿上防护服。

(2)冷却液有毒,避免冷却液与皮肤或眼睛直接接触,如发生接触立即用大量清水冲洗。

图 13-9　拧下冷却液排放螺塞　　　　图 13-10　添加冷却液

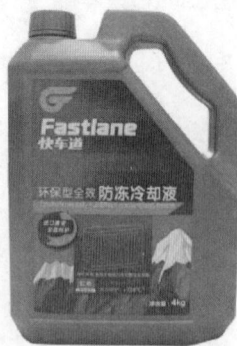

三、任务测试(工作页)

(一)资讯收集

(1)电动汽车主要的热源有：＿＿＿＿＿＿＿＿＿＿＿＿＿＿＿＿＿＿＿＿。

(2)电动汽车冷却系统的作用有哪些？

＿＿＿＿＿＿＿＿＿＿＿＿＿＿＿＿＿＿＿＿＿＿＿＿＿＿＿＿＿＿＿＿＿＿＿＿

＿＿＿＿＿＿＿＿＿＿＿＿＿＿＿＿＿＿＿＿＿＿＿＿＿＿＿＿＿＿＿＿＿＿＿＿

(3)纯电动汽车冷却系统主要由＿＿＿＿＿＿、＿＿＿＿＿＿、＿＿＿＿＿＿、＿＿＿＿＿＿和＿＿＿＿＿＿等组成。

(4)简述更换冷却液的步骤及注意事项。

＿＿＿＿＿＿＿＿＿＿＿＿＿＿＿＿＿＿＿＿＿＿＿＿＿＿＿＿＿＿＿＿＿＿＿＿

＿＿＿＿＿＿＿＿＿＿＿＿＿＿＿＿＿＿＿＿＿＿＿＿＿＿＿＿＿＿＿＿＿＿＿＿

(5)填写冷却系统对应的零部件名称(表 13-1)。

冷却系统零部件名称　　　　　　　　　　　表 13-1

图示			
名称			

（二）计划决策

请各小组分工合作，充分考虑可行性、经济性、环保性要求，制订冷却系统检查与维护方案。

（三）任务实施

请严格按维修手册的要求完成电动汽车冷却系统维护，电动汽车冷却系统维护实施记录见表13-2。

实 施 记 录 表　　　　　　　　　　　　　　　　表 13-2

序号	维护步骤	是否正常
	一、检查与维护前的准备项目	
1	关闭点火开关，安装防护用具，准备工、量具	是□　否□
2	拆下低压蓄电池负极，并用绝缘胶布包裹	是□　否□
	二、检查与维护冷却系统	
1	检查冷却系统管路及接口处有无泄漏或渗漏情况	是□　否□
2	检查散热器翅片是否变形、折叠	是□　否□
3	检查电动水泵接口有无泄漏	是□　否□
4	检查电动水泵工作是否有异响	是□　否□
5	检查电动水泵线束是否老化	是□　否□
6	检查冷却液液位高度是否正常	是□　否□
	三、5S 管理	

（四）评价反馈

评价反馈见表13-3。

评　价　表　　　　　　　　　　　　　　表 13-3

评价项目	考核标准	完成效果				自评 (25%)	组评 (25%)	师评 (50%)
		优秀	良好	一般	需努力			
任务完成 过程 (40)	作业前后的6S管理	5	4	3	2			
	对存疑问题点有所记录,在课堂上积极提问,并解决存疑的问题	5	4	3	2			
	成果报告	10	8	6	4			
	工艺卡(实施方案)	10	8	6	4			
	信息查询能力和工作页完成情况	5	4	3	2			
	工具设备选用、安装方法合理/正确,能处理完成任务过程中出现的突发问题	5	4	3	2			
任务质量 (30)	维护是否全面到位	15	8	3	2			
	能否解决顾客问题	15	8	6	4			
团队协作 (15)	积极参与讨论、有协作精神、为其他同学提供帮助	5	4	3	2			
	在学习中提出独特的见解,帮助本组同学解决学习难题	10	8	6	4			
学习情况 (15)	出勤情况良好,无缺勤,无迟到、早退	5	4	3	2			
	课内外均有参与学习活动	5	4	3	2			
	遵守课堂纪律,有良好的行为习惯,无损坏设备	5	4	3	2			
合计								

教师建议:

项目五　高压辅助器件的检查与维护

学习任务 14　检查与维护 DC/DC 变换器

学习目标

完成本学习任务后,你应当达到如下目标:

1.通过查找相关资料,能叙述 DC/DC 变换器工作原理、DC/DC 变换器主要类型、高压线束及接口定义;

2.通过小组讨论,能制订 DC/DC 变换器检查与维护工作流程的具体实施方案;

3.掌握 DC/DC 变换器检查与维护的工具材料和工作要求;

4.能在工作过程中,注重安全、环保、节约意识,为车主提供合理用车建议。

建议课时

2 课时。

任务描述

陈先生经电话预约需要对其车辆——北汽 EV200 做 15000km 定期维护,根据厂家规定需要对 DC/DC 变换器进行定期检查与维护,作为维修技师,你应如何完成 DC/DC 变换器检查与维护工作任务呢?

一、信息收集

(一)DC/DC 变换器安装位置

DC/DC 变换器装在前机舱动力总成上面的二层支架上面,如图 14-1 所示。

图 14-1　DC/DC 变换器(北汽 EV200)安装位置

(二)连接 DC/DC 的高压线束及接口定义

(1)以北汽 EV200 纯电动汽车为例,DC/DC 变换器的线束接口及接口定义,如图 14-2 所示。

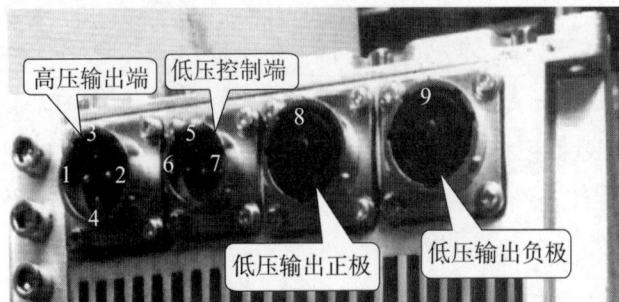

图 14-2　2016 款北汽 EV200 纯电动汽车 DC/DC 变换器各端子的含义

1 脚-高压输入端(电源正极);2 脚-高压输入端(电源负极);3、4 脚-高压互锁短接端子;5 脚-低压控制端(直流 12V 启动,0~1V 关机);6 脚-电源状态信号输出(故障线,故障时为 12V 高电平,正常时为低电平);7 脚-控制电路电源;8 脚-低压输出正极;9 脚-低压输出负极

(2)以北汽 EV200 纯电动汽车为例,高压附件线束(高压线束总成),即连接高压控制盒到 DC/DC、车载充电机、空调压缩机、空调 PTC 之间的线束,如图 14-3 所示。

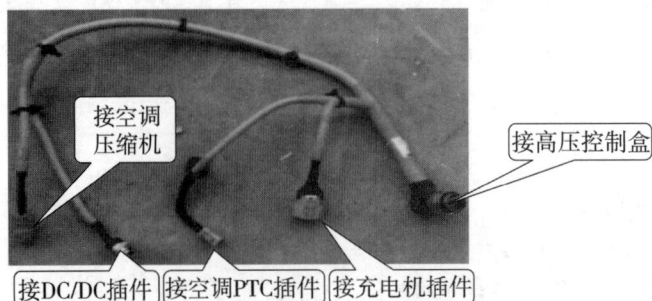

图 14-3　高压附件线束(高压线束总成)

（3）以北汽 EV200 纯电动汽车为例，DC/DC 的插件针脚定义如图 14-4 所示。

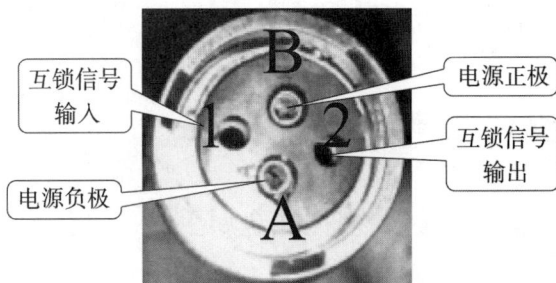

图 14-4　DC/DC 的插件针脚定义

（4）以北汽 EV200 纯电动汽车为例，接高压控制盒的插件针脚定义如图 14-5 所示。

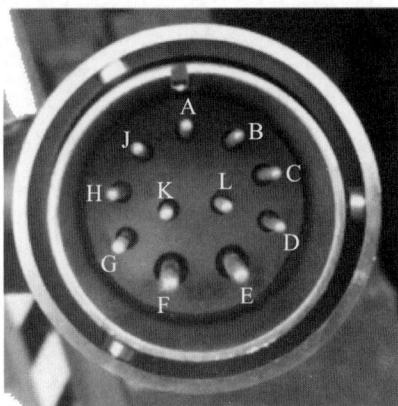

图 14-5　接高压控制盒的插件针脚定义

A 脚-DC/DC 电源正极；B 脚-PTC 电源正极；C 脚-压缩机电源正极；D 脚-PTC—A 组负极；E 脚-充电机电源正极；F 脚-充电机电源负极；G 脚-DC/DC 电源负极；H 脚-压缩机电源负极；J 脚-PTC—B 组负极；K 脚-空脚；L 脚-互锁信号线

二、任务实施

每种电动汽车动力电源系统均有其特点，系统的结构设计、安装位置等有很大差别。在车辆检修和电源系统维护过程中，需要做好以下工作。

（一）准备工作

1. 专用工具的准备

（1）检修仪器，有些电动车配备有专门的检修仪器，如 Prius 配备有智能测试仪。

(2)常用仪表,如电压表、欧姆表、绝缘测试仪等。

(3)专用工具,如螺丝刀、扳手等,这些常用工具必须有绝缘措施。

(4)常用物料,如绝缘胶带、扎带等。

2. 个人防护

(1)佩戴绝缘手套、头盔、护目镜。

(2)穿防护鞋、工作服等。

(3)手腕、身上不能佩戴金属物件,如金属手链、戒指、手表、项链等物品。

(二)操作步骤

1. 检查与维护 DC/DC 变换器外观

在做好高压安全防护准备后,检查并清洁 DC/DC 变换器外表面,外表面应无异物,散热齿上应无杂物、灰尘等,以保证散热时风道畅通;检查 DC/DC 变换器外壳,应无变形、碰撞痕迹。

2. 检查与维护 DC/DC 变换器连接线束

检查 DC/DC 变换器各连接线束,应无破损、裂纹等,高低压接线端子应连接可靠,无松动,如图 14-6 所示。

3. 检查与维护 DC/DC 变换器紧固螺栓

检查 DC/DC 变换器紧固螺栓,应无锈蚀;检查 DC/DC 变换器紧固螺栓的紧固力矩,应为 (25 ± 5) N·m。

4. 检测 DC/DC 变换器工作是否正常

将电源开关(车钥匙)置于 OFF 位,使用专用万用表电压挡测量低压蓄电池的电压,电压应为 12V 左右。将车钥匙置于 ON 位,此时蓄电池电压为 13.5 ~ 14V,这时所测的电压值就是 DC/DC 变换器输出的电压,如图 14-7 所示。

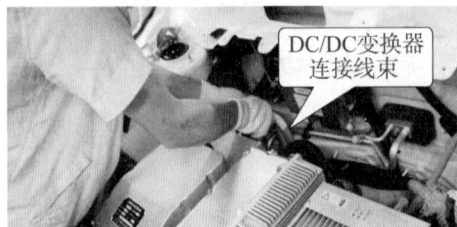

图 14-6　检查 DC/DC 变换器连接线束

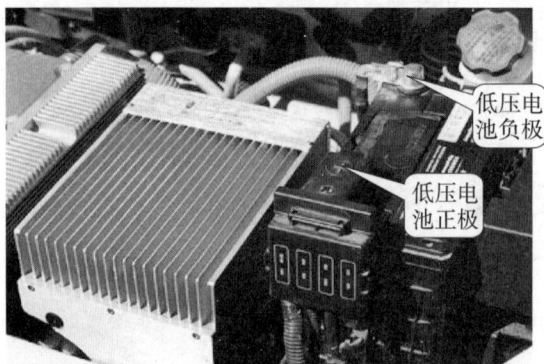

图 14-7　测量低压蓄电池端电压

5. 检测 DC/DC 变换器的绝缘性能

设置隔离,放置警示标识,穿戴好防护用品后,将电源开关置于 OFF 位,将车钥匙放在安全处,断开蓄电池负极,将蓄电池负极电缆桩头用绝缘胶布包好;拆下维修开关并放好,将车辆静置 10min;举升车辆,断开动力电池低压线束和高压线束,并进行验电,确保高压母线无电后方可进行下一步操作;拔下 DC/DC 变换器上的高压线束连接器。

以动力电池高压电缆(连接动力电池到高压盒之间的线缆)为例,将绝缘测试仪负表笔(黑表笔)与电缆外壳或车身搭铁点充分有效连接,正表笔(红表笔)分别连接端子 A、端子 B(图 14-8),按下测试键并读出和记录测量值。绝缘性能正常的情况下,在工作温度为 –20 ~ 65℃和工作湿度为 5% ~ 85% 的环境下,高压输入与车身(外壳)的绝缘电阻应 ≥20MΩ。

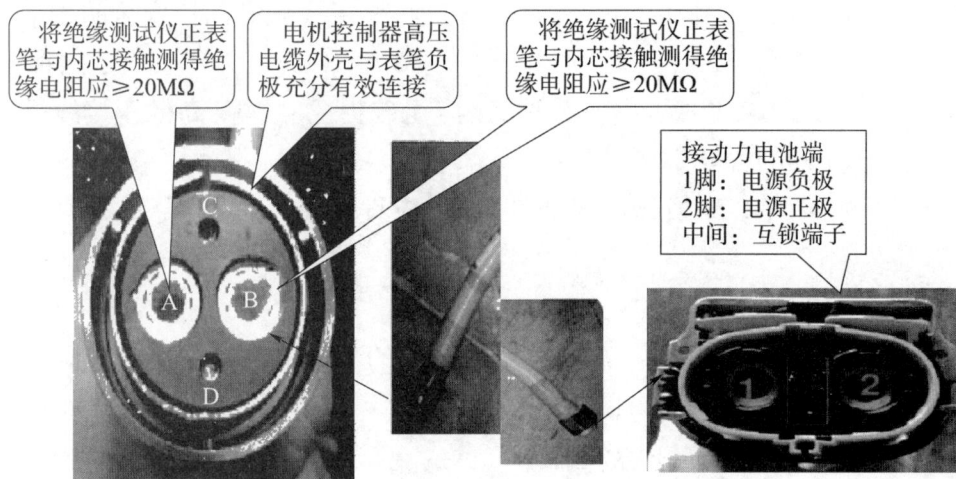

图 14-8　检测 DC/DC 变换器的绝缘性能

注意:当拆卸高低压线束时,应先旋松线束连接器上的锁扣,然后拔下线束连接器,禁止粗暴操作;当安装线束时,应对准线束插头与对应插件上的定位位置,将线束插头插到底,然后旋紧线束连接器上的锁扣,听到"咔嗒"的清脆声响即表示安装到位。

三、任务测试(工作页)

(一)资讯收集

1. 填空题

(1)DC/DC 变换器是将一种电平的直流电压变换为另一种电平的_____

的电路。DC/DC 变换器的主要部件是_____。

（2）DC/DC 变换器通过利用_____来自充电电池的直流电压，将其转换成_____。然后，利用变压器转换交流电压，再利用功率半导体将交流电压转换成_____。

（3）DC/DC 变换器一方面给_____，另一方面为灯光、_____等车辆常规低压电器提供电源，替代了传统汽车上的_____。

（4）DC/DC 变换器在电动汽车（包括混合动力）中主要有三种应用类型：_____、_____、_____。

2. 判断题

（1）DC/DC 变换器的高压线束，除连接高压控制盒到车载充电机、空调压缩机、空调之间的线束，还有连接高压控制盒到 DC/DC 的线束。　　（　　）

（2）在对电动汽车高压部件进行维护之前，一定要做好高压安全防护准备。

（　　）

（3）检查 DC/DC 变换器各连接线束，应无破损、裂纹等，高低压接线端子应连接可靠，无松动的方法主要是目视。　　（　　）

（4）检测 DC/DC 变换器的绝缘性能时，应设置隔离，放置警示标识。

（　　）

3. 不定项选择题

（1）DC/DC 变换器将经过高压控制盒分配的动力电池高压直流电降压变换处理为低压直流电，给（　　）的用电设备供电。

　　A. 灯光　　　　　　B. 蓄电池　　　　　　C. 刮水器　　　　　　D. 空调

（2）DC/DC 变换器在电动汽车（包括混合动力）中主要有（　　）应用类型。

　　A. 12V 电压稳定器　　　　　　　　B. 高压升压器

　　C. Start-Stop 系统　　　　　　　　D. 高低压转换器（辅助功率模块）

（3）高压附件线束（高压线束总成）连接高压控制盒到（　　）。

　　A. DC/DC 变换器　　　　　　　　B. 空调压缩机

　　C. 空调 PTC　　　　　　　　　　D. 车载充电机

（4）检查与维护 DC/DC 变换器包括（　　）。

　　A. DC/DC 变换器功能　　　　　　B. DC/DC 变换器紧固螺栓

　　C. DC/DC 变换器连接线束　　　　D. 外观

（二）计划决策

请各小组分工合作，充分考虑安全性、可行性、环保性要求，制订 DC/DC 变换器检查与维护方案。

```




```

(三)任务实施

请严格按维修手册的技术要求,完成 DC/DC 变换器的检查与维护,见表 14-1。

DC/DC 变换器的检查与维护   表 14-1

DC/DC 变换器的检查与维护		是 否 正 常
一、检查与维护前的准备项目		
1	关闭点火开关,安装防护用具,准备工量具	是□ 否□
2	拆下低压蓄电池的负极,将电缆桩头用绝缘胶布包好	是□ 否□
3	佩戴绝缘手套,断开动力蓄电池高压维修开关	是□ 否□
二、检查与维护 DC/DC 变换器		
1	检查与维护 DC/DC 变换器外观	是□ 否□
2	检查与维护 DC/DC 变换器连接线束	是□ 否□
3	检查与维护 DC/DC 变换器紧固螺栓	是□ 否□
4	检测 DC/DC 变换器工作是否正常	是□ 否□
5	检测 DC/DC 变换器的绝缘性能	是□ 否□
三、5S 管理		

(四)评价反馈

评价反馈见表 14-2。

评价表 表 14-2

评价项目	考核标准	完成效果				自评(25%)	组评(25%)	师评(50%)
		优秀	良好	一般	需努力			
任务完成过程(40)	作业前后的6S管理	5	4	3	2			
	对存疑问题点有所记录,在课堂上积极提问,并解决存疑的问题	5	4	3	2			
	成果报告	10	8	6	4			
	工艺卡(实施方案)	10	8	6	4			
	信息查询能力和工作页完成情况	5	4	3	2			
	工具设备选用、安装方法合理/正确,能处理完成任务过程中出现的突发问题	5	4	3	2			
任务质量(30)	维护是否全面到位	15	8	3	2			
	能否解决顾客问题	15	8	6	4			
团队协作(15)	积极参与讨论、有协作精神、为其他同学提供帮助	5	4	3	2			
	在学习中提出独特的见解,帮助本组同学解决学习难题	10	8	6	4			
学习情况(15)	出勤情况良好,无缺勤,无迟到、早退	5	4	3	2			
	课内外均有参与学习活动	5	4	3	2			
	遵守课堂纪律,有良好的行为习惯,无损坏设备	5	4	3	2			
合计								
教师建议:								

学习任务 15 检查与维护车载充电机

学习目标

完成本学习任务后,你应当达到如下目标:

1.通过查找相关资料,能正确叙述车载充电机的工作原理、车载充电机高压线束及接口定义；

2.通过小组讨论，能制订车载充电机检查与维护工作流程的具体实施方案；

3.能完成车载充电机检查与维护的工具材料和工作要求；

4.能在工作过程中，注重安全、环保、节约意识，为车主提供合理用车建议。

建议课时

2课时。

任务描述

黄先生的北汽EV200电动汽车已经行驶了10000km，根据厂家规定需要对车辆进行维护，在维护过程中需要对车载充电机进行检测与维护，作为4S店的一名维修技师，你如何对黄先生的电动汽车的车载充电机进行检查与维护呢？

一、信息收集

（一）车载充电机安装位置

车载充电机安装在前机舱动力总成上面的二层支架上面，如图15-1所示。

（二）车载充电机的高压线束及接口

（1）以北汽电动汽车为例，车载充电机的线束接口如图15-2所示。

图15-1　车载充电机的安装位置

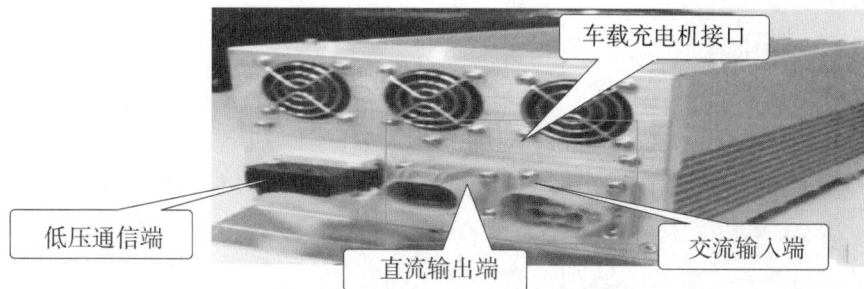

图15-2　车载充电机的高压线束及接口

（2）车载充电机的线束接口分别为低压通信端、直流输出端和交流输入端。低压通信端接口如图 15-3 所示。

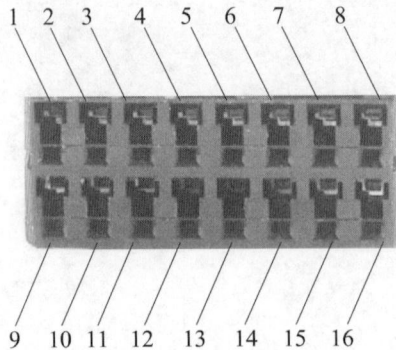

图 15-3　低压通信端接口

1-新能源 CAN-L;2-新能源 CAN-GND;3-CP 信号输出;4-空;5-互锁输出(到高压盒低压插件);6-5V 电压;7-N 中性;8-GND;9-新能源 CAN-H;10-空;11-CC 信号输出;12-空;13-互锁输入(到空调压缩机低压插件);14-空;15-12V + OUT;16-12V + IN

（3）直流输出端接口如图 15-4 所示。

（4）交流输入端接口如图 15-5 所示。

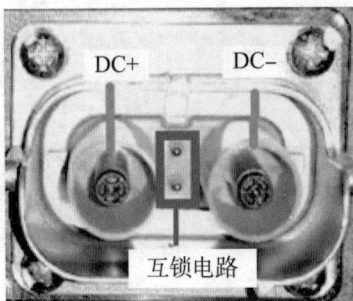

图 15-4　直流输出端接口

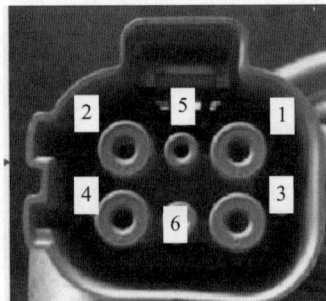

图 15-5　交流输入端接口

1-L(交流电源);2-N(交流电源);3-PE 车身搭铁;4-空;5-CC(充电连接确认)

二、任务实施

每种电动汽车动力电源系统均有其特点,系统的结构设计、安装位置等有很大差别。在车辆检修和电源系统维护过程中,需要做好以下准备工作。

(一)准备工作

1.专用工具的准备

（1）检修仪器,有些电动车配备有专门的检修仪器,如 Prius 配备有智能测试仪。

（2）常用仪表,如电压表、欧姆表、绝缘测试仪等。

（3）专用工具,如螺丝刀、扳手等,这些常用工具必须有绝缘措施。

（4）常用物料,如绝缘胶带、扎带等。

2.个人防护

（1）佩戴绝缘手套、头盔、护目镜。

（2）穿防护鞋、工作服等。

（3）手腕、身上不能佩戴金属物件,如金银手链、戒指、手表、项链等物品。

（二）操作步骤

1.车载充电机外观的检查与维护

检查车载充电机外观、外壳是否有明显碰撞痕迹,外壳有无变形及破损,对充电机内部模块是否造成损坏,必要时进行更换,如图15-6所示。

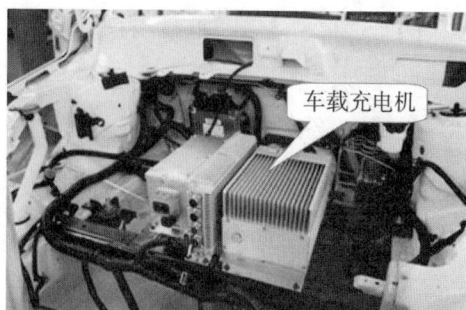

图15-6 车载充电机外观的检查与维护

2.车载充电机连接线束的检查与维护

检查车载充电机连接线束是否出现磨损、老化、弯曲、变形压痕,检查连接器插头和插件之间是否完好,插孔有无堵塞、插座有无弯曲变形等。以慢充线束（慢充线束是连接慢充口到车载充电机之间的高压线束）为例,如图15-7所示。

图15-7 慢充线束连接慢充口到车载充电机

3.检查与维护车载充电机紧固螺栓

检查车载充电机紧固螺栓有无锈蚀,紧固力矩是否足够,车载充电机紧固螺栓的紧固力矩为(45 ± 5)N·m。

4.检查与维护车载充电机风扇

车载充电机是靠外部散热齿和风扇进行散热的,车辆使用一段时间后需要用毛刷清理一下充电机散热面和风扇表面的尘土,防止尘土过多影响充电机的散热性能。

5.检查车载充电机冷却管路

检查车载充电机冷却管路连接处是否出现液体泄漏及渗出,检查散热器总成左右侧水室密封处有无渗漏现象,必要时进行更换。

6.检查车载充电机的绝缘性能

(1)将低压蓄电池负极断开。

(2)拔掉高压盒 11 芯插头。

(3)将绝缘表负表笔与车身连接,正表笔逐个测量端子 E、端子 F。

在工作温度 23℃ ±2℃ 和相对湿度为 45% 、75% 时,车载充电机正负极输出与车身(外壳)之间的绝缘电阻 >1000MΩ,如图 15-8 所示。

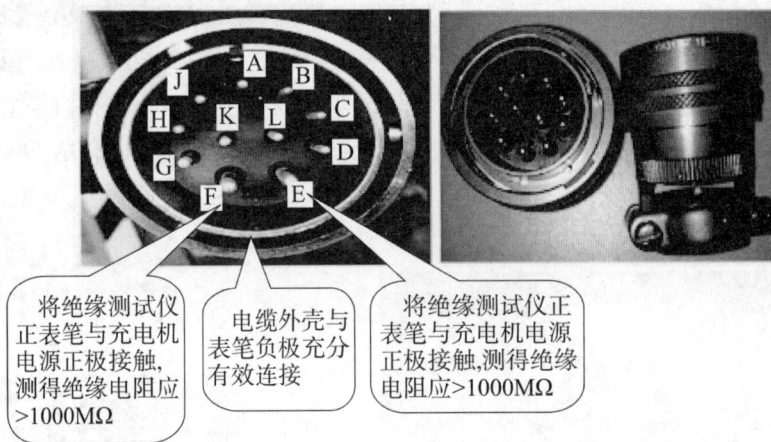

将绝缘测试仪正表笔与充电机电源正极接触,测得绝缘电阻应>1000MΩ

电缆外壳与表笔负极充分有效连接

将绝缘测试仪正表笔与充电机电源正极接触,测得绝缘电阻应>1000MΩ

图 15-8　车载充电机绝缘电阻检测

三、任务测试(工作页)

(一)资讯收集

1.填空题

(1)慢充系统主要部件:供电设备(_____、充电桩、_____等)、慢充接口、车内高压线束、高压配电盒、_____、动力电池等。

(2)一般的混合动力车型需要_____充满,纯电动车要_____充满,充电倍率基本都在 0.5C 以下。

(3)车载充电机,以_____,输出为直流,直接给_____。

(4)车载充电机作为一个电力电子系统,主要由_____和_____组成。

2.判断题

(1)充电机控制主板主要是对电源部分进行控制、监测、计量、计算、修正、保护以及与外部信息交互。　　　　　　　　　　　　　　　　　　　(　　)

(2)车载充电机,具有为电动汽车动力电池安全、自动充满电的能力,所以不需要快充充电口。　　　　　　　　　　　　　　　　　　　　　　　(　　)

(3)车载充电机,具有单体电池电压限制功能,自动根据 BMS 的电池信息动态调整充电电流。　　　　　　　　　　　　　　　　　　　　　　　(　　)

3.不定项选择题

(1)车载充电机,具有完备的安全防护措施体现在(　　　)。

　　A.交流输入过电压保护　　　　　　B.交流输入过电流保护

　　C.直流输出过电流保护　　　　　　D.直流输出短路保护

(2)检查车载充电机外观的维护包括(　　　)。

　　A. 外壳是否有明显碰撞痕迹　　　　B.外壳有无变形及破损

　　C. 插孔有无堵塞　　　　　　　　　D.插件有无弯曲

(3)检查车载充电机的绝缘性能包括(　　　)。

　　A.将低压蓄电池负极断开

　　B.拔掉高压盒 11 芯插头

　　C.将绝缘表负表笔与车身连接

　　D.正表笔逐个测量端子 E、端子 F

(二)计划决策

请各小组分工合作,充分考虑安全性、可行性、环保性要求,制订车载充电机检查与维护方案。

(三) 任务实施

请严格按维修手册的技术要求,完成车载充电机的检查与维护,见表 15-1。

车载充电机的检查与维护　　　　　　　　　　　表 15-1

	检查与维护步骤	是否正常
一、检查与维护前的准备项目		
1	关闭点火开关,安装防护用具,准备工具、量具	是□ 否□
2	拆下低压蓄电池的负极,将电缆桩头用绝缘胶布包好	是□ 否□
3	佩戴绝缘手套,断开动力蓄电池高压维修开关	是□ 否□
二、检查与维护车载充电机		
1	车载充电机外观的检查与维护	是□ 否□
2	车载充电机连接线束的检查与维护	是□ 否□
3	检查与维护车载充电机紧固螺栓	是□ 否□
4	检查车载充电机冷却管路	是□ 否□
5	检查车载充电机的绝缘性能	是□ 否□
三、5S 管理		

(四) 评价反馈

评价反馈见表 15-2。

评 价 表　　　　　　　　　　　　表 15-2

评价项目	考核标准	完成效果				自评(25%)	组评(25%)	师评(50%)
		优秀	良好	一般	需努力			
任务完成过程(40)	作业前后的 6S 管理	5	4	3	2			
	对存疑问题点有所记录,在课堂上积极提问,并解决存疑的问题	5	4	3	2			
	成果报告	10	8	6	4			
	工艺卡(实施方案)	10	8	6	4			
	信息查询能力和工作页完成情况	5	4	3	2			
	工具设备选用、安装方法合理/正确,能处理完成任务过程中出现的突发问题	5	4	3	2			

续上表

评价项目	考核标准	完 成 效 果				自评	组评	师评
		优秀	良好	一般	需努力	(25%)	(25%)	(50%)
任务质量 （30）	维护是否全面到位	15	8	3	2			
	能否解决顾客问题	15	8	6	4			
团队协作 （15）	积极参与讨论、有协作精神、为其他同学提供帮助	5	4	3	2			
	在学习中提出独特的见解，帮助本组同学解决学习难题	10	8	6	4			
学习情况 （15）	出勤情况良好，无缺勤，无迟到、早退	5	4	3	2			
	课内外均有参与学习活动	5	4	3	2			
	遵守课堂纪律，有良好的行为习惯，无损坏设备	5	4	3	2			
合计								
教师建议：								

学习任务 16   检查与维护高压部件

学习目标

完成本学习任务后，你应当达到如下目标：

1. 通过查找相关资料，能正确叙述高压连接器、熔断器、高压接触器的应用；

2. 通过小组讨论，能制订高压部件检查与维护工作流程的具体实施方案；

3. 能完成高压部件工具材料的检查与维护和工作要求；

4. 能在工作过程中，注重安全、环保、节约意识，为车主提供合理用车建议。

任务描述

深圳比亚迪 e6 纯电动出租车发生了被撞起火事件,对于燃烧起火的原因,专家组认为,部分动力蓄电池破损与短路,高压配电箱内的高压线路与车体之间形成回路,产生电弧,引燃内饰材料及部分动力蓄电池等可燃物质。由此可见,高压线束回路的安全性关系到人身的安全,其重要性不言而喻,所以电动汽车的高压附件,应根据维护手册需要进行定期检查与维护。

一、信息收集

本节所指的高压部件含各高压连接器和高压线束、熔断器和高压接触器。

1. 高压连接器

在新能源汽车产业领域,高压连接器是极其重要的元部件,整车、充电设施上均有应用。整车上高压连接器主要应用:DC/DC 变换器、水暖 PTC 充电机、风暖 PTC、直流充电口、动力电机、高压线束、维修开关、逆变器、动力蓄电池、高压箱、电动空调、交流充电口等,如图 16-1 所示。

图 16-1　高压连接器

2. 高压线束

电动汽车整车共分为五段高压线束,分别为动力蓄电池高压电缆、电机控制器电缆、快充线束、慢充线束、高压附件线束(高压线束总成)。

高压线束是新能源汽车高压系统的神经网络,是车辆高压电气元件工作的桥梁和纽带,影响高压线束的隐患主要是过热或燃烧,此外恶劣环境对线束还有屏蔽、进水、进尘的风险等。高压电缆承载的电流较大,线束的直径随之变粗,这使布线走向以及电磁干扰和屏蔽就显得非常重要。高压线束要在车内的较小空间布置,必须有良好的柔软性;高压线束处于车上的高振动环境,必须有良好的机械防护。

3. 熔断器

新能源汽车中车载的锂电池、储能电容、电动机、变流器和电控线路均属直流系统,都需要直流类型的熔断器做短路保护,才能保证其安全可靠的正常运行和超强能力的短路开断效果。根据目前电动汽车行业使用的熔断器,大多数车型系统最大电压一般为700VDC以下,也有少数车型会略高于此电压,所以用于电池保护的熔断器以500VDC和700VDC两种,电流等级多为200~630A。

熔断器的应用领域非常广泛,如前几年火爆的光伏市场等。新能源汽车主要应用在直流充电桩、DC、水暖PTC、充电机、风暖PTC、动力蓄电池、维修开关、高压箱、电动空调等涉及高电压需要保护的地方,如图16-2所示。

4. 高压接触器

高压接触器在新能源汽车中应用时,其电路电压一般都大于200V,远高于传统汽车的12~48V,新能源汽车除需要传统汽车所需的低电压继电器外,还需配备特殊的高压接触器。每台新能源汽车需配备5~8个高压接触器,随着使用者对新能源汽车的功能要求增多,需求的数量还会增加,如图16-3所示。

图16-2　新能源汽车熔断器

图16-3　高压接触器

二、任务实施

每种电动汽车动力电源系统均有其特点,系统的结构设计、安装位置等有很大差别。在车辆检修和电源系统维护过程中,需要做好以下工作。

(一)准备工作

1.专用工具的准备

(1)检修仪器,有些电动车配备有专门的检修仪器,如 Prius 配备有智能测试仪。

(2)常用仪表,如电压表、欧姆表、绝缘测试仪等。

(3)专用工具,如螺丝刀、扳手等,这些常用工具必须有绝缘措施。

(4)常用物料,如绝缘胶带、扎带等。

2.个人防护

(1)佩戴绝缘手套。

(2)穿防护鞋、工作服等。

(3)手腕、身上不能佩戴金银物件,如金银手链、戒指、手表、项链等物品。

注意:在对电动汽车高压部件进行维护之前,一定要做好高压安全防护准备。

(二)操作步骤

1.高压线束外观的检查

目测检查高压线束是否出现磨损、老化、弯曲、变形压痕,高压线束过线孔、过线护套等防护是否完好,底盘高压线束固定卡子是否牢固,高压线缆保护套有无进水、扭曲、破损。

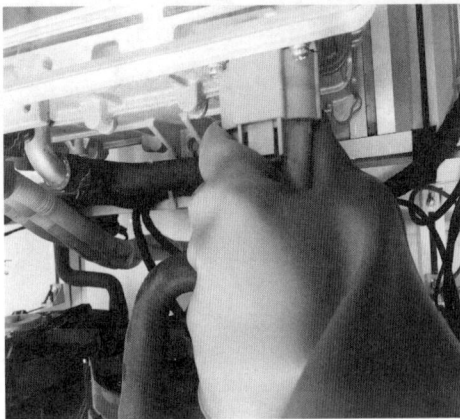

图 16-4　检查高压连接器之间是否松动

2.高压连接器的检查

(1)检查高压连接器之间是否松动。

用手轻轻晃动高压连接器,检查连接器插件之间是否松动,线束根部有无过热、变形、松脱现象,如图 16-4 所示。

(2)检查高压连接器插件之间是否完好。

拔下高压连接器,检查连接器插头和插件之间是否完好,插孔有无堵塞、插座有无弯曲变形等,如图 16-5 所示。

(3)检查快、慢充电线及连接器。

目测检查充电线是否出现磨损、老化、弯曲、变形压痕,检查充电线功能、外观及其插头状态。检查充电枪解除锁止按钮是否卡滞,是否能完全复位,同时进行充电测试,检测充电线是否导通。检查连接器插头和插件之间是否完好,插孔有无堵塞、插座有无弯曲变形等。

接高压合端
B脚位:电源正极
A脚位:电源负极
C脚位:互锁线短接
D脚位:互锁线短接

接动力电池端
1脚:电源负极
2脚:电源正极
中间:互锁端子

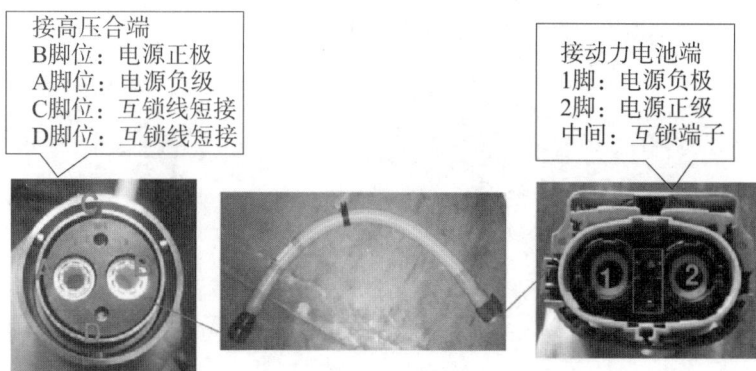

图 16-5　检查高压连接器插件之间是否完好

①快充线束。快充线束是连接快充口到高压控制盒之间的高压线束,如图 16-6 所示。

接高压盒
1脚:电源负极
2脚:电源正极
中间为互锁端子

接整车低压线束
1脚:A–(低压辅助电源负极)
2脚:A+(低压辅助电源正极)
3脚:CC2(充电连接器确认)
4脚:S+(充电通信CAN_H)
5脚:S–(充电通信CAN_L)

车身搭铁点

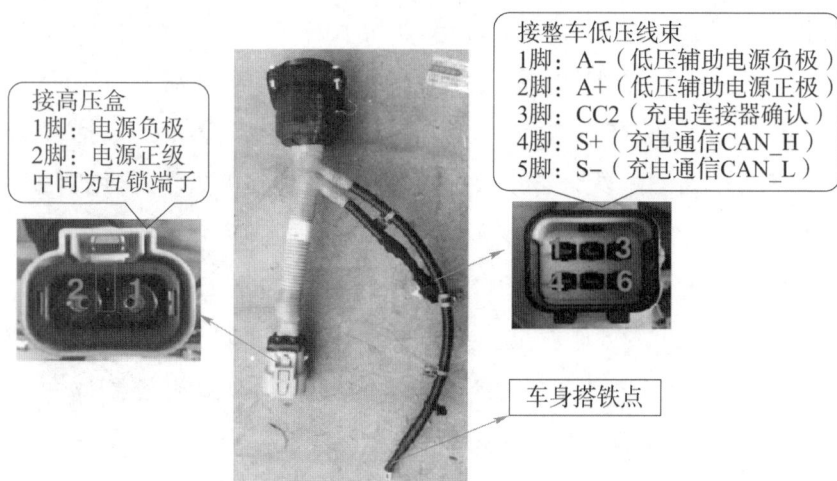

图 16-6　快充线束及连接器

②慢充线束。慢充线束是连接慢充口到车载充电机之间的高压线束,如图 16-7 所示。

③充电线检查。在充电过程中充电线会产生热量,如有破损,请及时更换。避免产生危险对人员或车辆造成损坏。

判断充电线是否导通的另一检查方法:使用万用表分别测量充电桩端充电枪的 N、L、PE、CC、CP 脚和相对应的车辆充电枪 N、L、PE、CC、CP 脚是否导通,测量阻值应小于 0.5Ω,否则需更换充电线总成。

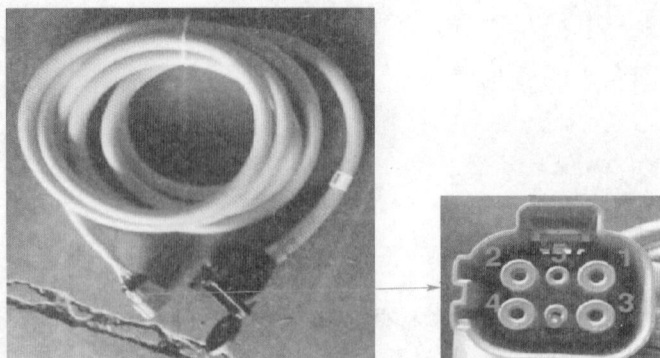

图 16-7　慢充线束及连接器

3.电动汽车高压线束的绝缘性能检查

电动汽车的电气设备直接安装在车辆底盘上,每个电气设备都是独立的电路回路,与底盘之间没有直接的电气连接。电阻越大,绝缘性能越好,反之亦然。在电动汽车的高压电气系统中,分别利用电源的正、负极引线电缆相对于底盘的绝缘电阻来反映电气系统的绝缘性能。为了消除高压系统对人员和车辆的潜在威胁,需要检测其绝缘性能,才能保证电动汽车的高压电气安全性。

①对高压线束进行维护前,需先将蓄电池负极断电,再将专用的机舱线束保护剂均匀喷涂,然后用干抹布擦干。有的车线路老化严重的,包括开裂的,一定要在线束上面用耐高温绝缘胶带裹好(必要时需进行更换),再用开口型的耐高温螺纹管裹住卡好,喷过保护剂后需要将机舱晾晒一下,确保万无一失。

②绝缘电阻要求:在最大工作电压下,直流电路绝缘电阻的最小值应至少大于1000V,交流电路应至少大于5000V。整个电路为满足以上要求,依据电路的结构和组件的数量,每个组件应有更高的绝缘电阻。以电机控制器电缆(连接高压盒到电机控制器之间的线缆)为例,如图16-8所示。

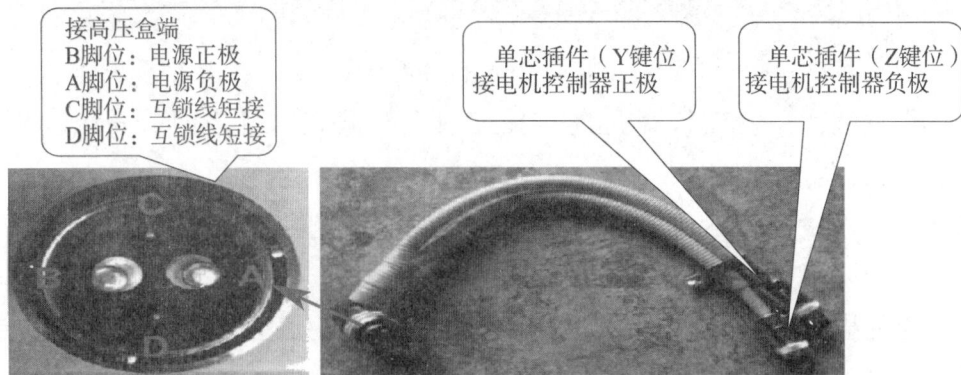

图　16-8

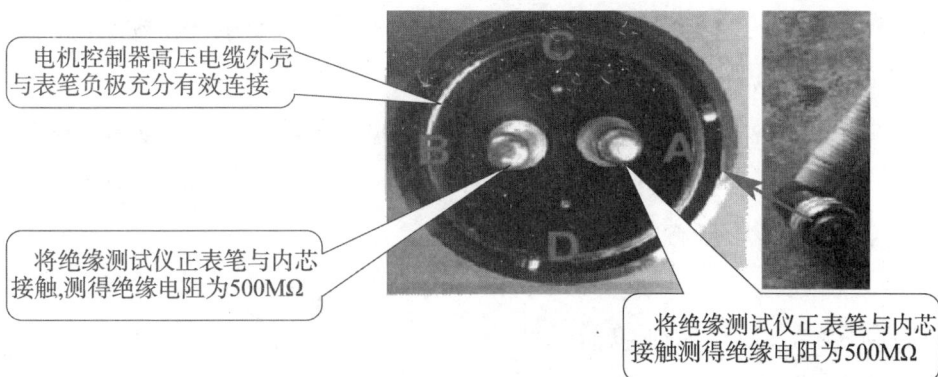

电机控制器高压电缆外壳与表笔负极充分有效连接

将绝缘测试仪正表笔与内芯接触,测得绝缘电阻为500MΩ

将绝缘测试仪正表笔与内芯接触测得绝缘电阻为500MΩ

图 16-8 绝缘电阻检查

三、任务测试(工作页)

(一)资讯收集

1. 填空题

(1)新能源汽车高压连接器是机电一体化产品,主要由_____、_____、壳体及附件四部分构成。

(2)整车上高压连接器主要应用有:DC/DC变换器、_____、风暖PTC、直流充电口、动力电机、_____、维修开关、逆变器、动力电池、高压箱、电动空调、交流充电口等。

(3)高压电缆承载的电流较大,线束的直径随之变粗,这使布线走向以及_____和_____就显得非常重要。

(4)在电动汽车高压配电盒中,输出端主要连接汽车辅助电源系统,在配电盒内部一般情况下包括_____、空调压缩机支路、DC/DC支路及_____支路。

2. 判断题

(1)在电动汽车高压配电盒中,每个支路都需要安装线路保护熔断器,目的是在各负载发生短路时,能够及时切断电源保护线路,避免车辆火灾发生。

( )

(2)高压线束是电动汽车里面的连接器和线缆在整车运行当中非常关键的连接件,影响高压线束的隐患主要是过热或燃烧,此外恶劣环境对线束还有屏蔽、进水、进尘的风险等。

( )

(3)根据目前电动汽车行业使用的熔断器,大多数车型的系统最大电压一般为700VDC以下,也有少数车型会略高于此电压,所以用于电池保护的熔断器以500VDC和700VDC两种为主。　　　　　　　　　　　　　（　　　）

(4)高压接触器在新能源汽车中应用时,其电路电压一般都大于200V,远高于传统汽车的12~48V,新能源汽车除需要传统汽车所需的低电压继电器以外,还需配备特殊的高压接触器。　　　　　　　　　　　　（　　　）

3.不定项选择题

(1)高压线束设计原则包括(　　　)。

  A.双线制设计

  B.高低压系统分离式设计

  C.线束的保护套采用橙色(GB30)

  D.高压电缆分为单芯电缆和多芯电缆

(2)一辆电动汽车使用4~5个高压熔断器,主要包括(　　　)。

  A.电机控制器　　　　　　　　　B.PTC系统

  C.交流充电系统　　　　　　　　D.直流充电系统

(3)电动汽车整车共分为五段高压线束,分别为(　　　)。

  A.动力电池高压电缆　　　　　　B.电机控制器电缆

  C.快、慢充线束　　　　　　　　D.高压附件线束

(4)慢充线束及连接器包括以下端子(　　　)。

  A.N、L　　　　B.C　　　　C.PE　　　　D.CC

(二)计划决策

请各小组分工合作,充分考虑安全性、可行性、环保性要求,制订高压附件检查与维护方案。

(三)任务实施

请严格按维修手册的技术要求,完成高压附件的检查与维护,见表16-1。

实施记录表　　　　　　　　　　　　　　　　　　　表 16-1

序号	检查与维护步骤	是否正常
一、检查与维护前的准备项目		
1	关闭点火开关,安装防护用具,准备工具、量具	是□　否□
2	拆下低压蓄电池的负极,将电缆桩头用绝缘胶布包好	是□　否□
3	佩戴绝缘手套,断开动力蓄电池高压维修开关	是□　否□
二、检查与维护高压附件		
1	高压线束外观的检查	是□　否□
2	检查高压连接器之间是否松动	是□　否□
3	检查高压连接器插件之间是否完好(含各端子含义)	是□　否□
4	检查快、慢充电线及连接器(含各端子含义)	是□　否□
5	电动汽车高压线束的绝缘性能检查	是□　否□
三、5S 管理		

(四)评价反馈

评价反馈见表 16-2。

评　价　表　　　　　　　　　　　　　　　　　　　表 16-2

评价项目	考 核 标 准	完 成 效 果				自评 (25%)	组评 (25%)	师评 (50%)
		优秀	良好	一般	需努力			
任务完成 过程 (40)	作业前后的 6S 管理	5	4	3	2			
	对存疑问题点有所记录,在课堂上积极提问,并解决存疑的问题	5	4	3	2			
	成果报告	10	8	6	4			
	工艺卡(实施方案)	10	8	6	4			
	信息查询能力和工作页完成情况	5	4	3	2			
	工具设备选用、安装方法合理/正确,能处理完成任务过程中出现的突发问题	5	4	3	2			
任务质量 (30)	维护是否全面到位	15	8	3	2			
	能否解决顾客问题	15	8	6	4			

续上表

评价项目	考核标准	完成效果				自评 (25%)	组评 (25%)	师评 (50%)
		优秀	良好	一般	需努力			
团队协作 (15)	积极参与讨论、有协作精神、为其他同学提供帮助	5	4	3	2			
	在学习中提出独特的见解,帮助本组同学解决学习难题	10	8	6	4			
学习情况 (15)	出勤情况良好,无缺勤,无迟到、早退	5	4	3	2			
	课内外均有参与学习活动	5	4	3	2			
	遵守课堂纪律,有良好的行为习惯,无损坏设备	5	4	3	2			
合计								

教师建议:

项目六 新能源汽车空调系统的检查与维护

学习任务 17 检查与维护空调系统

学习目标

完成本学习任务后,你应当达到如下目标:

1. 通过查找相关资料,能正确叙述新能源汽车空调制冷系统的结构及工作原理;

2. 通过小组讨论,能制订检查与维护纯电动汽车空调不制冷的方案;

3. 能正确使用安全防护用品,按技术标准对纯电动汽车高压电路进行检查与维护;

4. 能在工作过程中,注重安全、环保、节约意识,为车主提供合理用车建议。

建议课时

12 课时。

任务描述

一台已行驶 12000km 的 2015 年纯电动比亚迪 e5 出租车入厂维修,车主反映汽车制冷效果不好,作为技术员,请你根据维修手册及技术标准完成对空调制冷系统的检查与维护。

一、信息收集

1. 新能源汽车送风系统的作用

(1)将调节好的适宜温、湿度的空气输送并分配到车厢内。

（2）将外界空气导到车内，保持车内空气的新鲜、清洁。

（3）保持车内气压略大于外界气压，以防外界空气不经空调系统直接进入车内，如图 17-1 所示。

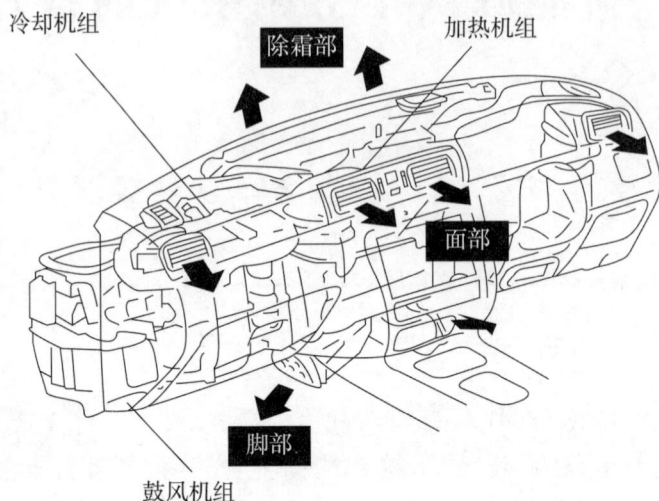

图 17-1　送风系统的整体外观图

2. 新能源汽车送风系统结构

送风系统包括鼓风机、风道、内外转换风门、空调滤清器，出风口等，如图 17-2 所示。

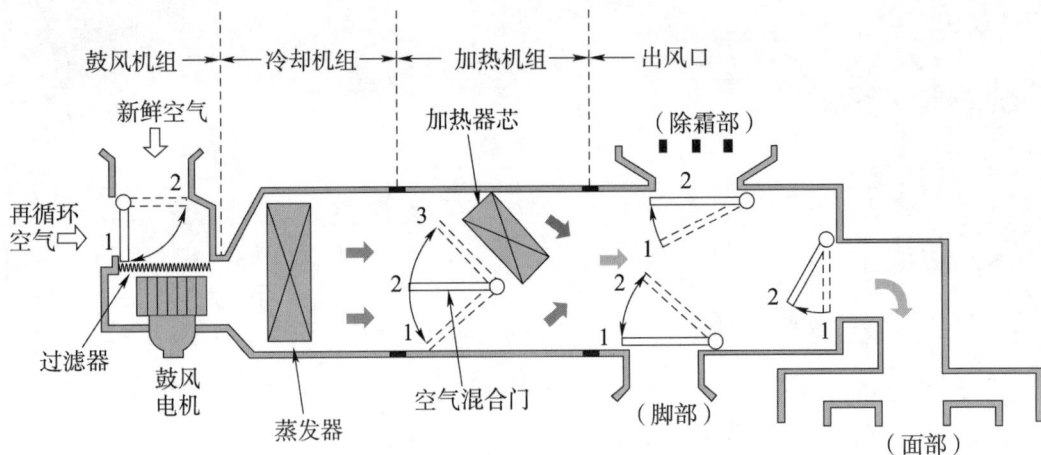

图 17-2　送风系统的结构图

3. 空调控制面板

空调控制面板有 A/C 开关、鼓风机开关、前后风窗除霜开关、内外循环开关、冷暖开关等，如图 17-3 所示。

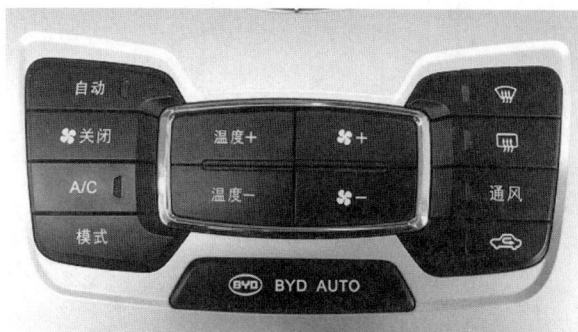

图 17-3　比亚迪 e5 空调控制面板

4.暖风系统 PTC 加热方式

纯电动汽车没有传统汽车的发动机,没有热源,因此需要靠 PTC 加热器(图 17-4)的热能来采暖。

PTC 加热器采用热敏陶瓷元件(图 17-5),由若干单片组合后与波纹散热铝条经高温胶黏结而成,具有热阻小、换热效率高的显著优点。它的最大特点在于安全性,即遇风机故障堵转时,PTC 加热器因得不到充分散热,功率会自动急剧下降,此时加热器的表面温度维持限定温度(一般为 240℃左右),从而不致产生电热管类加热器表面的"发红"现象,排除了发生事故的隐患。

图 17-4　PTC 加热器外部图

图 17-5　PTC 加热器

二、任务实施

在新能源汽车空调制冷系统维护过程中,需要做好以下工作。

(一)准备工作

1.专用工具的准备(表 17-1)

(1)检修仪器,道通汽车故障诊断仪、空调真空泵。

(2)常用仪表,空调压力表、制冷剂测漏仪等。

（3）专用工具,如螺丝刀、扳手等,这些常用工具必须有绝缘措施。

（4）常用物料,如绝缘胶带、扎带等。

专 用 工 具

表 17-1

图示			
名称	空调压力表	兆欧表	空调真空泵
图示			
名称	制冷剂测漏仪	扳手	制冷剂

2.个人防护

（1）佩戴绝缘手套。

（2）穿防护鞋、工作服等。

（3）手腕、身上不能佩戴金属物件,如金银手链、戒指、手表、项链等物品。

（二）操作步骤

空调的维护,即通过对汽车空调系统的定期检查和调整,以维持其良好的技术状态和工作可靠性。为了确保汽车空调能良好运行,发挥它应有的作用,定期对空调维护是非常重要的。

1.检查空调控制面板功能

（1）按下风量调节旋钮,检查风量是否和调节相符合。

（2）按下内外循环按钮,观察空调能否进行内、外循环模式的切换。

（3）按模式开关,根据仪表屏上的出风模式检查各出风口是否正常工作。

（4）分别按下前后风窗玻璃除霜按钮,检查出风口是否正常工作。

2.检查空调滤清器

汽车空调滤清器能够过滤从外界进入车厢内部的空气,使空气的洁净度提高。一般的过滤物质是指空气中所包含的杂质,如:微小颗粒物、花粉、细菌、工业废气和灰尘等。

　　空调滤清器的效果是防止这类物质进入空调系统对其造成破坏,给车内驾乘人员良好的空气环境,保护车内人员的身体健康,此外,还可以防止玻璃雾化。

　　对空调滤清器进行检查时,应检查空调滤清器是否过脏,风速是否正常,确保空调滤清器清洁、通风良好,无霉无菌。

　　下面以比亚迪 e5 轿车为例,介绍更换空调滤清器步骤。

　　(1)空调滤芯在副驾驶人搁脚处上方位置,如图 17-6 所示。

　　(2)两边用力,向里挤压,放倒手套箱,两边一扣即可取出滤清器,如图 17-7 所示。

图 17-6　空调滤清器安装位置

图 17-7　空调滤清器位置

　　(3)空调滤清器一般更换周期是 12000km 换一次。

　　(4)如果滤芯肮脏,则从反面吹压缩空气来清洁,离滤芯 5cm 远,握住气枪,以 500kPa 的压力吹大约 2min。

　　(5)安装空调滤清器时需要注意安装方向,白色向上。

　　3. 检查风道通风装置

　　检查风道是否过脏或有异响情况,确保风道清洁、通风良好、无异物。

　　4. 高压电动压缩机的检查

　　主要检查进、排气压力是否符合要求,各紧固件是否松动,是否漏气等。

　　5. 冷凝器及其冷凝风扇的检查

　　检查冷凝器表面有无污物、泥垢,散热片是否弯曲或被阻塞现象。如发现冷凝器表面脏污,应及时用压缩空气或清水清洗干净,以保持冷凝器有良好的散热条件。防止冷凝器因散热不良而造成冷凝压力和温度过高。在清洗冷凝器的过程中,应注意不要把散热片碰倒,更不能损伤制冷管道。

　　6. 蒸发器的检查与维护

　　一般应每年用检漏仪进行一次检漏作业,每 2 ~ 3 年应对蒸发器内部进行清扫,清除送风通道内的杂物。

7. 干燥器的更换

汽车空调在正常使用情况下,一般每3年左右更换一次干燥器,如因使用不当使系统进入水分后应当及时更换。

8. 膨胀阀的维护

检查其动作是否正常,开度大小是否合适,如不正常应更换或做适当调整。

9. 制冷系统管路的维护

每年检查一次,并用检漏仪检查其密封情况,检查软管是否有老化、裂纹现象,一般每3~5年更换一次软管。

10. 冷冻机油的更换

冷冻机油一般每两年左右检查或更换,对于管路有较大泄漏时,应及时检查或补充冷冻机油。

11. 安全装置的检查与更换

高压开关、低压开关、温控开关等是关系到空调系统是否能安全、可靠地工作的安全装置,一般应每季检查一次,每5年更换一次。

12. 检查电路线束

(1)检查线束及插件连接处是否对插到位,有无松动、破损、腐蚀等问题,若未达到要求,则修复或更换。

(2)检查插接件线束波纹管有无破损,若有,则修复或更换,如图 17-8 所示。

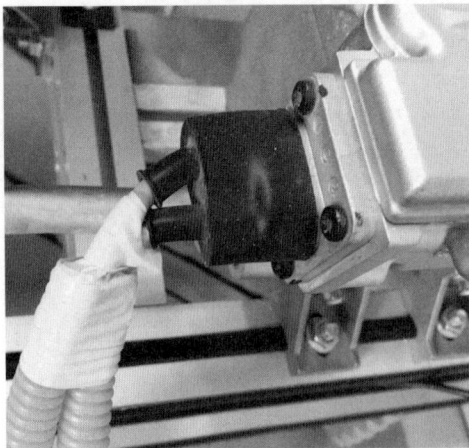

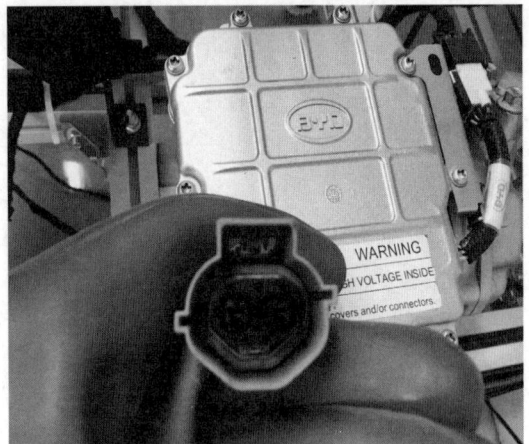

图 17-8　检查高压电路线束波纹管

13. 检查与维护暖风系统

打开空调 A/C 开关,按下内外循环按钮,按下"温度 +"按钮,如图 17-9 所示,制热功能启动,空气通过 PTC 加热从仪表盘通风口输出。暖风功能打开几分钟后,检查吹出的风有无焦煳味。

14. 检查 PTC 连接螺栓

检查 PTC 螺栓连接是否紧固,确认拧紧力矩是否符合要求,若不符合,则进一步拧紧到维修手册上要求的力矩,如图 17-10 所示。

图 17-9　比亚迪 e5 空调控制面板

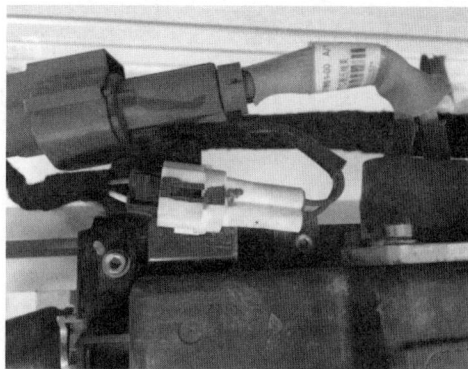

图 17-10　比亚迪 e5 PTC 连接螺栓

15. 检查 PTC 绝缘性

电动汽车的空调取暖系统 PTC 加热器需要高压部件,需要检查 PTC 正、负极的绝缘性是否符合技术要求。以比亚迪 e5 轿车为例,检查方法如下:

在高低压断电及电容放电后,根据高压电控总成接口所示,用数字绝缘测试仪在 DC500V,测试 PTC 正、负极与车身之间的绝缘电阻是否大于 500MΩ,若未达到,则必须更换。

三、任务测试(工作页)

(一)资讯收集

(1)查阅资料,写出空调制冷系统技术要求及车辆使用注意事项。

①制冷系统管路压力:低压_____,高压_____。

②高压电动压缩机工作电压值:_____。

③制冷剂型号:_____。

④汽车空调的空气净化系统可以过滤空气中的污染物,让空气变得更加清新,为乘客创造一个舒适的环境。汽车空调的车内有两种循环控制方式,分别是_____和_____。

⑤空调滤清器的使用周期:_____。

（2）简述空调制冷系统维护注意事项。

① _____

② _____

③ _____

④ _____

（二）计划决策

请各小组分工合作,充分考虑可行性、经济性、环保性要求,制订高压空调系统检查与维护方案。

（三）任务实施

请严格按维修手册的要求完成高压空调系统的检查与维护,见表17-2。

实施记录表 表17-2

检查项目	检查方式	是否正常	
鼓风机	将鼓风机开关置于1速、2速、3速、4速,观察鼓风机转速是否有相应变化	是□	否□
车内空气分配模式	选择每种送风模式和启动除霜控制,核实送风模式是否符合要求	是□	否□
空气循环	置空气内外循环开关于内外循环,观察循环指示器是否点亮,倾听进气门位置的变化(可以听到鼓风机声音的微小改变)	是□	否□
温度下降情况	将温度控制旋钮选择至最冷位置(手动空调形式),在排风口检查冷风情况。如果是自动空调形式,按TEMP温度下降键将温度下降至显示屏显示出18℃字样,检查排风口处的冷风情况	是□	否□
温度升高情况	将温度控制旋钮选择至最热位置(手动空调形式)。在排风口检查热风情况。如果是自动空调形式,按TEMP温度上升键将温度上升至显示屏显示出32℃字样,检查排风孔处的热风情况	是□	否□

检查项目	检查方式	是否正常
新鲜空气通风开关	将温度控制置于强热位置,将送风模式开关置于除霜位置,打开外循环(新鲜空气通风位置)。确认热气从除霜通风口排出而冷空气自面部通风口排出	是□　否□
检查电路线束	检查电路线束及插接件连接处是否对插到位,有无松动、破损、腐蚀	是□　否□
检查高压互锁	检查高压互锁插件内插针是否有退针、弯曲等异常现象	是□　否□
检查连接螺栓	检查PTC螺栓连接是否紧固,确认拧紧力矩是否符合要求	是□　否□
检查PTC绝缘性	检查PTC高压接线端与车身的绝缘电阻是否正常	是□　否□
检查空调管路压力值	检查低压、高压管路值是否符合技术标准	是□　否□

(四)评价反馈

评价反馈见表17-3。

评价表　　　　　　　　　　　　　　表17-3

评价项目	考核标准	完成效果				自评(25%)	组评(25%)	师评(50%)
		优秀	良好	一般	需努力			
任务完成过程(40)	作业前后的6S管理	5	4	3	2			
	对存疑问题点有所记录,在课堂上积极提问,并解决存疑的问题	5	4	3	2			
	成果报告	10	8	6	4			
	工艺卡(实施方案)	10	8	6	4			
	信息查询能力和工作页完成情况	5	4	3	2			
	工具设备选用、安装方法合理正确,能处理完成任务过程中出现的突发问题	5	4	3	2			
任务质量(30)	维护是否全面到位	15	8	3	2			
	能否解决顾客问题	15	8	6	4			
团队协作(15)	积极参与讨论、有协作精神、为其他同学提供帮助	5	4	3	2			
	在学习中提出独特的见解,帮助本组同学解决学习难题	10	8	6	4			

续上表

评价项目	考核标准	完成效果				自评(25%)	组评(25%)	师评(50%)
		优秀	良好	一般	需努力			
学习情况（15）	出勤情况良好,无缺勤,无迟到、早退	5	4	3	2			
	课内外均有参与学习活动	5	4	3	2			
	遵守课堂纪律,有良好的行为习惯,无损坏设备	5	4	3	2			
合计								
教师建议：								

项目七　新能源汽车底盘的检查与维护

学习任务18　检查与维护制动系统

学习目标

完成本学习任务后,你应当达到如下目标:

1.通过查找相关资料,能正确叙述纯电动汽车制动系统的结构及工作原理;

2.通过小组讨论,能制订检查与维护制动系统的方案;

3.能正确使用安全防护用品,能按技术标准对行车制动系统和驻车制动系统进行检查与维护;

4.能在工作过程中,注重安全、环保、节约意识,为车主提供合理用车建议。

建议课时

6课时。

任务描述

黄先生的比亚迪e5已行驶了30000km,在驾驶过程中总感觉制动行程过长。为了确保日常行车的安全,黄先生准备到4S店给他的爱车做一次维护。在得知黄先生的目的后,作为技术员,请你根据维修手册及技术标准完成对制动系统的检查与维护。

一、信息收集

制动系统是安全行车的重要保证。制动系统的好坏直接影响到驾驶人、乘客及其他人员的生命和财产安全。制动系统分为行车制动和驻车制动,它的作用是使行驶中的汽车按照驾驶人的要求进行强制减速甚至停车,使已停驶的汽车在各种道路条件下(包括在坡道上)稳定驻车,使下坡行驶的汽车速度保持稳定。制动系统结构如图 18-1 所示。

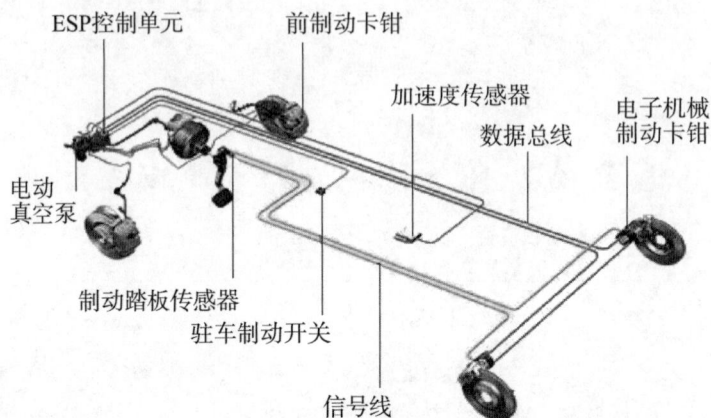

图 18-1　制动系统结构

1. 新能源汽车制动系统与传统汽车制动系统的区别

新能源汽车制动系统与传统汽车制动系统的区别不大,主要不同是新能源汽车在传统汽车液压制动系统基础上增加了电动真空助力系统,以及采用制动能量回收模式。新能源汽车制动系统主要由制动器、制动压力调节装置、ABS(制动防抱死系统)、电动真空助力系统等组成。

2. 电动真空助力系统的结构组成

电动真空助力系统由一套专用的真空装置提供,由真空泵、真空罐、真空泵控制器(后期集成到 VCU 整车控制器里)以及与传统汽车相同的真空助力器、12V 电源组成,如图 18-2 所示。

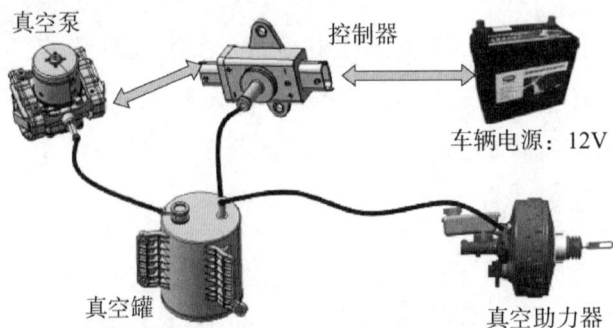

图 18-2　电动真空助力系统的组成

（1）真空泵。

真空泵是指利用机械、物理、化学或物理化学的方法对被抽容器进行抽气而获得真空的器件或设备。通俗来讲，真空泵是用各种方法在某一封闭空间中改善、产生和维持真空的装置，汽车上通常采用如图18-3所示的电动真空泵。

（2）真空罐。

真空罐用于储存真空，并通过真空压力传感器感知真空度并把信号发送给真空泵控制器，如图18-4所示。

图18-3　比亚迪e5车型真空泵

图18-4　真空罐（电线插头位置为真空压力传感器）

（3）真空泵控制器。

真空泵控制器是电动真空系统的核心部件。真空泵控制器根据真空罐真空压力传感器发送的信号控制真空泵工作，如图18-5所示。

3. 制动能量回收

制动能量回收功能是新能源汽车区别于传统内燃机汽车的典型特征，正是由于驱动系统中电机的存在，使得制动损失能量可以部分转化为电能存储到电池

图18-5　真空泵控制器

中，可以有效提高能量利用率，延长续驶里程。制动能量回收系统一般分为串联和并联两种。

并联制动能量回收在不改变传统汽车制动系统的基础上，在驱动轮上叠加一个电制动。其结构简单，易于实现，但是制动踏板感觉差，回收率低。串联制动能量回收通过电机制动与液压制动协调控制，尽可能多地用电机制动。其动态控制性好，踏板感觉好，回收率高，但是对原车制动系统改动较大，成本高。

二、任务实施

每种电动汽车动力电源系统均有其特点,系统的结构设计、安装位置等有很大差别。在车辆检修和电源系统维护过程中,需要做好以下工作。

(一)准备工作

1. 工、量具准备

(1)检修仪器,钢尺、放气管。

(2)常用仪表,如千分尺、百分表,磁性表座等。

(3)专用工具,如螺丝刀、扳手等。

2. 个人防护

在检查维护前必须做好以下个人防护措施:

(1)佩戴好工作手套、工作帽。

(2)穿工作鞋、工作服等。

(3)手腕、身上不能佩戴金属物件,如金银手链、戒指、手表、项链等物品。

3. 车辆防护

在检查维护前必须做好车辆防护措施:车轮挡块、车内四件套、车外三件套等。

(二)技术要求与注意事项

(1)按规定里程维护制动系统,视情况修理制动系统是轿车维护与检修最基本的操作技能,其技术状况的好坏,直接影响车辆的安全行驶。制动系统维护主要包括检查制动系统是否渗漏或损坏、检查制动液液面高度,必要时添加制动液、检查制动蹄摩擦衬片或衬块的厚度、检查调整手制动装置等。

(2)两人一组,一人在车内,一人在车外,共同完成车辆检查项目。操作过程中,注意两人之间的协调配合,把"安全"放在第一位,轮流作业。

(三)操作步骤

1. 检查制动踏板

(1)关闭电源,踩几次制动踏板,感觉制动踏板反应灵敏程度,看制动踏板能否完全落下,有无异常噪声,是否过度松旷。

(2)检查制动踏板自由行程。反复踩制动踏板直至助力器中无真空为止,然后用手轻轻按压制动踏板并且使用钢直尺测量,并计算出制动踏板的自由行程,如图18-6所示。

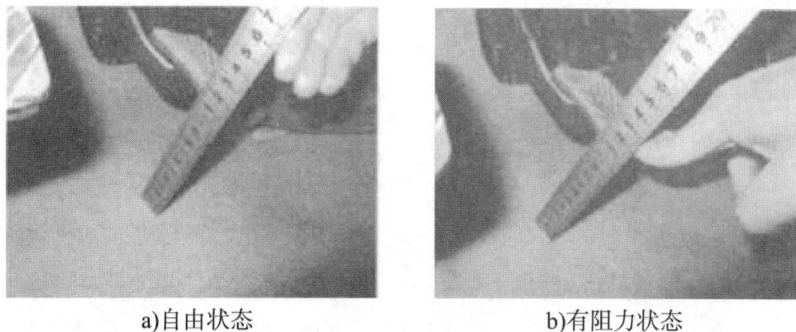

| a)自由状态 | b)有阻力状态 |

图 18-6　测量制动踏板的自由行程

2. 检查制动液

（1）检查制动液储液箱内的制动液量，如图 18-7 所示。液面应在制动液储液箱侧面 MAX 与 MIN 标记之间。若液面低于 MIN 标记，需补充制动液。

（2）检查制动总泵与储液箱周围有无泄漏，如发生泄漏，应立即维修。检查制动液软管是否有扭曲、磨损、裂纹，表面有无凹痕或其他损伤。

注意：汽车在出厂前就加注了制动液，并在储液箱盖上已注明，如再加注时，应使用同样的制动液，否则会发生严重的损坏。不能使用过期的、用过的制动液，或未密封容器内的制动液。

（3）更换制动液。车辆正常行驶 4 万 km 或制动液连续使用超过两年，制动液很容易由于使用时间长而变质，因此，要及时更换。具体更换方法如下：

①首先将制动系统内原有的制动液完全排尽，然后进行排气操作（排气顺序为右后轮、左后轮、右前轮、左前轮）。更换时应加注型号相同的制动液，在加液的过程中注意不要让制动液沾在油漆上，如沾上，应立即清洗。

②把放气管连接在制动分泵放气孔上，如图 18-8 所示。另一端插入装有制动液的容器内。反复几次踩制动踏板，踩住不动时松开放气螺栓。按此方法重复几次，直到放气孔中没有气泡流出，以规定转矩拧紧放气螺栓。

图 18-7　制动液液位检查

图 18-8　安装放气管

3. 检查制动盘和摩擦片

（1）卸下车轮及卡钳,但不能将制动软管从钳上取下,如图18-9所示。

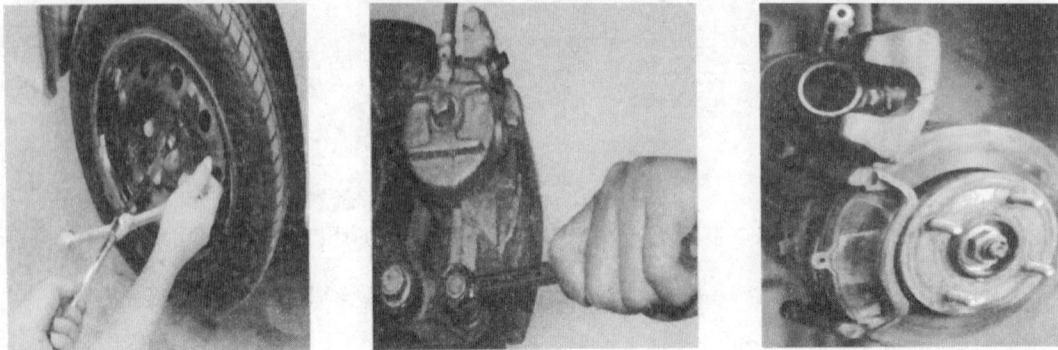

图18-9 卸下车轮及卡钳

（2）清洁摩擦片,检查摩擦片厚度,如摩擦片厚度不符合标准时应更换,如图18-10所示。

（3）检查制动盘有无过度磨损、裂纹。清洁制动盘,在距制动盘端面外边缘10mm处沿圆周4个等分点,用千分尺分别测量制动盘厚度,如图18-11所示。若制动盘厚度超过极限,必须更换制动盘。

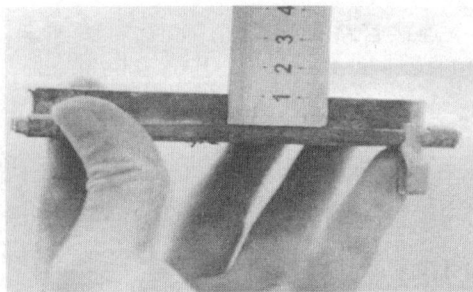

图18-10 测量摩擦片厚度

图18-11 测量制动盘厚度

注意：根据上一次检查到现在的制动器摩擦片磨损量,估计制动器摩擦片在下一次检查时的情况;若估计制动器摩擦片的厚度将会小于可接受的磨损值,建议更换制动器摩擦片。

（4）检查制动盘跳动量。在离制动盘端面外大约10mm处,放置百分表顶尖。转动制动盘,测量轴向圆跳动量,如图18-12所示。若超过极限值,需要更换。

注意：测量端面跳动度前,应检查车轮轴承的游隙是否在规定的范围内,以保证测量准确。

4.检查制动钳导向销和活塞防尘罩

检查导向销运动是否灵活,活塞防尘罩是否存在破损。如有必要,可在两者表面涂上润滑脂。若卡滞或破损应立即更换。

5.检查电动真空泵

(1)检查电动真空泵的管路是否存在松动或漏气。

(2)检查真空罐单向阀(图18-13)连接管路是否漏气,真空罐单向阀胶圈是否损坏。

图18-12　测量制动盘跳动量

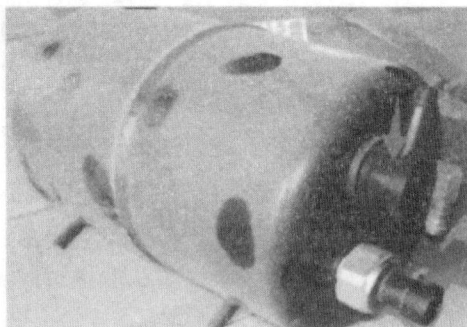

图18-13　真空罐

(3)检查真空助力器及连接管路有无漏气,如图18-14所示。

6.检查驻车制动器

检查驻车制动拉索的收紧程度和驻车制动手柄拉起的齿数。在正常情况下,拉起驻车制动器,能听见棘爪的响声。当手柄提到整个行程70%的时候,驻车制动就处在正常的制动位置了。

7.检查后制动鼓与制动蹄片

(1)卸下车轮与制动鼓,如图18-15所示。

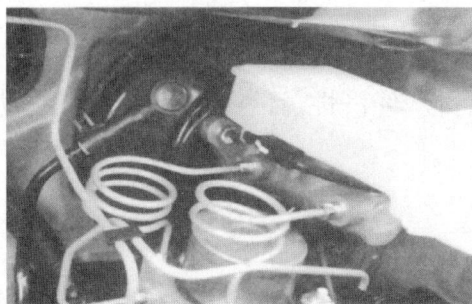

图18-14　真空助力器

图18-15　卸下制动鼓

(2)检查后制动鼓与制动蹄片有无过度磨损、损坏。在卸下车轮与制动鼓的同时,应检查制动分泵有无泄漏,如图18-16所示,如有损坏,应立即更换。

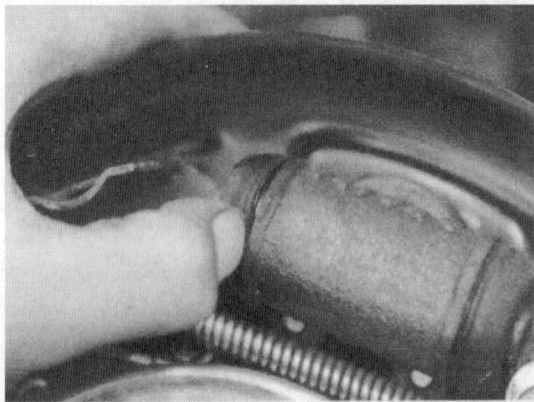

图 18-16　检查制动分泵

三、任务测试(工作页)

(一)资讯收集

(1)制动系统分为_____和_____,它的作用是使行驶中的汽车按照驾驶人的要求进行强制_____甚至停车,使已停驶的汽车在各种道路条件下(包括在坡道上)稳定驻车,使下坡行驶的汽车速度_____。

(2)电动汽车制动系统与传统汽车制动系统类似,主要由_____、制动压力调节装置、ABS(制动防抱死系统)、_____系统等部分组成。

(3)电动真空助力系统由一套专用的真空装置提供,由 _____、_____、真空泵控制器(后期集成到 VCU 整车控制器里)以及与传统汽车相同的_____、12V 电源组成。

(二)计划决策

请各小组分工合作,充分考虑可行性、经济性、环保性要求,制订制动系统检查维护方案。

（三）任务实施

请严格按维修手册的要求完成表18-1中制动系统的检查与维护。

实 施 记 录 表　　　　　表18-1

序号	实 施 步 骤	是 否 完 成
一、检查与维护前的准备工作		
1	关闭点火开关,拔下钥匙	是□ 否□
2	拆下低压蓄电池负极,使用绝缘胶带包好	是□ 否□
二、检查制动踏板		
1	多次踩下制动踏板,感觉踏板反应灵敏程度,看踏板能否完全落下,有无异常噪声,是否过度松旷	是□ 否□
2	(1)用钢直尺检查制动踏板自由行程。 (2)用手向下按制动踏板至有阻力时,记下直尺读数 L1：_____ 然后放松踏板,再看直尺读数 L2：_____ 制动踏板自由行程为：_____ － _____ ＝ _____	是□ 否□
三、检查制动液		
1	检查储油罐内的制动液是否位于 MAX 与 MIN 标记之间	是□ 否□
2	检查制动总泵与储油罐周围有无泄漏	是□ 否□
3	检查制动液软管是否有扭曲、磨损和裂纹,表面有无凹痕或其他损伤	是□ 否□
四、检查制动盘和摩擦片		
1	卸下车轮及卡钳,但不能将_____从卡钳上取下。 清洁摩擦卡,用_____检查摩擦片厚度是否符合标准	是□ 否□
2	检查制动盘有无过度磨损何裂纹	是□ 否□
3	清洁制动盘,在距离制动盘端面_____ mm 处沿圆周_____个等分点,用_____分别测量制动盘厚度是否符合标准	是□ 否□
4	检查制动盘跳动量,在距离制动盘端面外大约_____处,放置_____顶尖,转动制动盘,测量轴向圆跳动量是否符合标准	是□ 否□
五、检查制动钳导向销和活塞防尘罩		
1	检查制动钳导向销运动是否灵活	是□ 否□
2	检查活塞防尘罩是否存在破损	是□ 否□
六、检查电动真空泵		
1	检查电动真空泵的管路是否存在松动和漏气	是□ 否□

序号	实 施 步 骤	是 否 完 成
2	检查真空罐单向阀连接管路是否漏气	是□　否□
3	检查真空助力器及连接管路有无漏气	是□　否□
七、检查驻车制动器		
检查驻车制动拉线的收紧程度和驻车制动手柄拉起的齿数是否符合要求		是□　否□
八、检查后制动鼓与制动蹄片		
1	检查后制动鼓与制动蹄片有无过度磨损和损坏	是□　否□
2	在卸下车轮与制动鼓的同时,检查制动分泵有无泄漏	是□　否□
九、6S 管理		

(四)评价反馈

评价反馈见表 18-2。

评　价　表　　　　　　　　　　表 18-2

评价项目	考 核 标 准	完 成 效 果				自评 (25%)	组评 (25%)	师评 (50%)
		优秀	良好	一般	需努力			
任务完成过程 (40)	作业前后的 6S 管理	5	4	3	2			
	对存疑问题点有所记录,在课堂上积极提问,并解决存疑的问题	5	4	3	2			
	成果报告	10	8	6	4			
	工艺卡(实施方案)	10	8	6	4			
	信息查询能力和工作页完成情况	5	4	3	2			
	工具设备选用、安装方法合理正确,能处理完成任务过程中出现的突发问题	5	4	3	2			
任务质量 (30)	维护是否全面到位	15	8	3	2			
	能否解决顾客问题	15	8	6	4			
团队协作 (15)	积极参与讨论、有协作精神、为其他同学提供帮助	5	4	3	2			
	在学习中提出独特的见解,帮助本组同学解决学习难题	10	8	6	4			

续上表

评价项目	考核标准	完成效果				自评 (25%)	组评 (25%)	师评 (50%)
		优秀	良好	一般	需努力			
学习情况 (15)	出勤情况良好,无缺勤,无迟到、早退	5	4	3	2			
	课内外均有参与学习活动	5	4	3	2			
	遵守课堂纪律,有良好的行为习惯, 无损坏设备	5	4	3	2			
合计								
教师建议:								

学习任务 19　检查与维护行驶系统

学习目标

完成本学习任务后,你应当达到如下目标:

1. 通过查找相关资料,能正确叙述纯电动汽车行驶系统的组成和作用;
2. 通过小组讨论,能制订检查与维护行驶系统的方案;
3. 能正确使用安全防护用品,按技术标准对行驶系统进行检查与维护;
4. 能在工作过程中,注重安全、环保、节约意识,为车主提供合理用车建议。

建议课时

6 课时。

任务描述

近日,王先生准备进行一次长途旅行,他的爱车比亚迪 e5 已行驶 30000km,轮胎出现了异常磨损,车身也有轻微横向倾斜现象。为了保证旅行的顺利,他准备到 4S 店为爱车做一次维护,在了解清楚王先生的目的后,作为技术员,请你根据维修手册及技术标准对比亚迪 e5 的行驶系统进行检查与维护。

一、信息收集

汽车的行驶系统主要由车轮、悬架、车架和车桥组成(图 19-1),它将全车各总成及部件连成一个整体,支撑汽车的总质量,承受并传递路面作用于车轮上的各种力及其力矩,缓和不平路面对车身造成的冲击和振动,保证汽车平稳行驶。

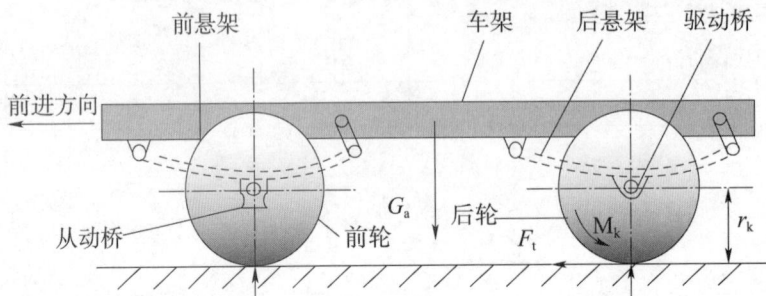

图 19-1　汽车行驶系统的组成

行驶系统与制动系统配合,提供汽车减速或停车所需的制动力,与转向系统配合,实现汽车安全转向行驶。

1. 车轮与轮胎

(1)轮胎的结构。

轮胎的主要成分为橡胶,并有尼龙、纤维、钢丝等加强材料。按其结构不同,分为子午线胎和斜交胎,子午线轮胎性能优良,现在被广泛使用,如图 19-2 所示。

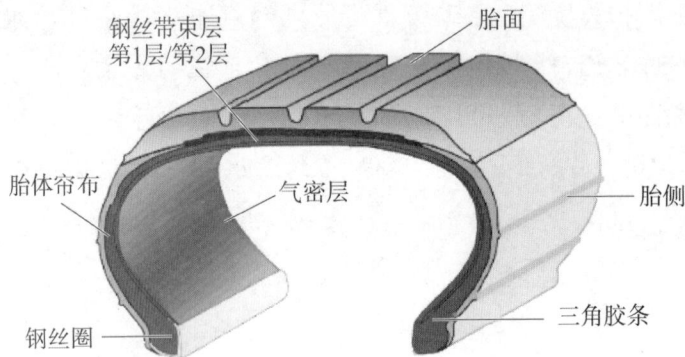

图 19-2　汽车子午线轮胎结构示意图

轮辋一般由钢铁或铝合金制成,轮辐外形多样。

(2)轮胎维护的意义。

轮胎支撑汽车自重与负荷,对路面传递驱动力和制动力;与悬架共同吸收汽车行驶中受到的冲击,以确保汽车具有良好的乘坐舒适性和行驶平顺性;与路面有良好的附着性,以提高汽车的牵引性、制动性和通过性。

如果轮胎磨损严重,当车辆在湿滑路面行驶时,排水困难,容易方向失控,影响行车安全;还容易发生瘪胎、爆胎,导致轮胎使用寿命缩短。如果轮胎气压异常,会加剧轮胎异常磨损,缩短其使用寿命。

2. 悬架

汽车悬架系统是车架(或车身)与车轴(或车轮)之间的弹性连接装置的统称,由弹性元件、导向机构、减振器和横向稳定杆组成。它的作用是弹性地连接车桥和车架(或车身),缓和行驶中车辆受到的冲击力,衰减由于弹性系统引进的振动,使汽车在行驶过程中保持稳定,提高舒适性及操纵稳定性。

如图 19-3 所示,悬架可分成独立悬架和非独立悬架。独立悬架结构如图 19-4 所示。

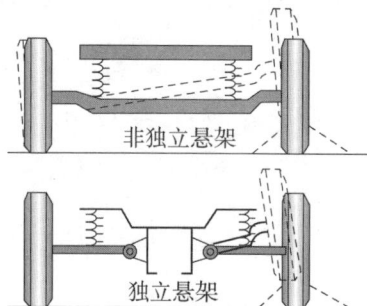

图 19-3　独立悬架和非独立悬架

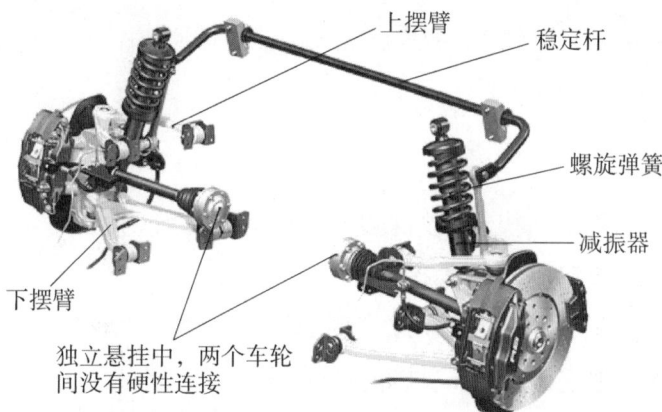

图 19-4　独立悬架结构图

减振器(图 19-5)限制车身或车架的移动,起到缓冲的作用;减振弹簧(图 19-6)缓冲路面冲击力并减少传递到车身上的振动;当车辆转弯时,因为离心力车身产生倾斜,稳定杆(图 19-7)通过扭曲变形从而控制倾斜,并保持轮胎贴紧地。

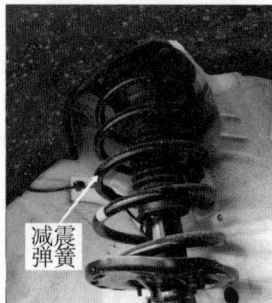

图 19-5　减振器　　　　图 19-6　减振弹簧　　　　图 19-7　稳定杆

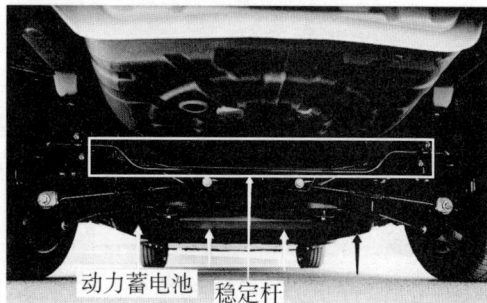

悬架系统决定着车辆的舒适性和操控性,若悬架出现故障,车辆的舒适、安全将受到严重影响,甚至出现事故隐患,所以悬架系统必须定期检查和维护。

3. 车桥与车架

车桥主要由前、后拖臂组成,如图 19-8 所示。

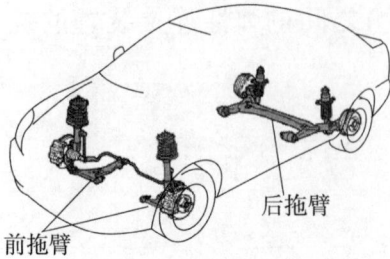

前拖臂　后拖臂

图 19-8　车桥结构

车架支撑车身,承受汽车载荷,固定汽车大部分部件和总成;车桥传递车架与车轮之间的各个方向的作用力。

随着车辆的使用,由于行驶颠簸及其他一些因素,可能会导致底盘螺栓、螺母松动,甚至脱落,将严重影响行车安全。

二、任务实施

在车辆检查与维护过程中,需要做好以下工作。

(一) 准备工作

1. 工、量具准备

(1)检修仪器:动平衡机、花纹深度规、卡尺等。

(2)常用仪表:如轮胎气压表等。

(3)专用工具:如世达工具 56 件套、扭矩扳手等。

(4)其他物料:肥皂水、刷子、抹布、手电筒。

2. 个人防护

(1)佩戴工作手套、工作帽。

(2)穿好工作鞋、工作服等。

(3)手腕、身上不能佩戴金属物件,如金银手链、戒指、手表、项链等物品。

3. 车辆防护

在检查维护前必须做好车辆防护措施:车轮挡块、车内四件套、车外三件套等。

(二) 轮胎与轮毂维护作业

1. 检查轮胎的外观

(1)将车轮至少旋转 1 圈,检查胎面、胎侧是否有异常磨损,如图 19-9 所示。

(2)检查胎面、胎侧是否有裂纹和损坏。如有较大裂纹、割痕(能看到帘布层），应更换轮胎。

（3）目视检查花纹槽内是否嵌入金属等异物。如嵌入任何金属、玻璃等颗粒，或较大石子，应取出，如图 19-10 所示。

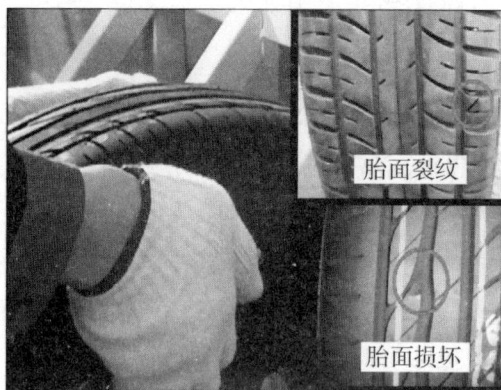

图 19-9　检查胎面、胎侧

胎面裂纹

胎面损坏

图 19-10　检查花纹槽

嵌入异物

2.检查轮胎磨损程度

首先目测轮胎表面是否有异常磨损，用花纹深度尺在不同地方多次检测花纹深度，看是否超出安全的花纹深度，如图 19-11 所示。

注意：测量时避免磨损指示凸块；读数时目光应平视刻度线；如小于 1.6mm，应更换轮胎。

3.检查轮胎气压

汽车轮胎胎压不应超过厂家规定的标准气压，过高或过低都会造成轮胎的异常磨损。将胎压表对准轮胎气门嘴读取数值，如果胎压不在正常值范围内，应及时调整，如图 19-12 所示。

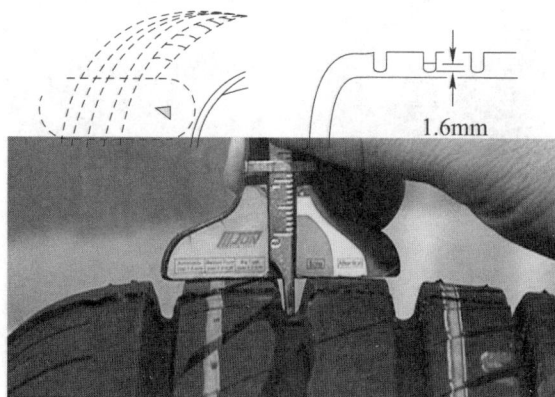

1.6mm

图 19-11　检测花纹槽花纹深度

图 19-12　检查轮胎气压

注意：

（1）轮胎气压的检查应在轮胎冷却后进行。

（2）轮胎上没有表示外胎磨损程度的标记，也就是轮胎旁边槽中或△标记方向的突出部分指示磨损程度。当轮胎磨损到这部分时要更换。

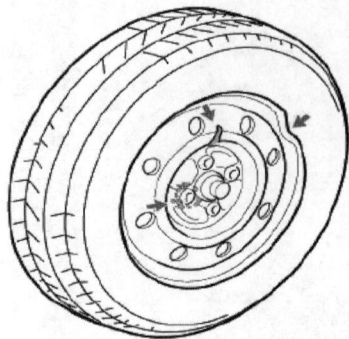

图 19-13　检查轮毂

4. 检查轮毂

举升车辆到相对高度后，用双手握住轮胎的上下侧，来回扳动轮胎，多次检查轮毂轴承有无松动、摆动现象，然后来回转动轮胎，多次检查有无噪声、有无卡滞，如图 19-13 所示。如轮辋变形或损坏严重，需更换。

5. 检查车轮动平衡

当汽车车轮高速旋转起来后，造成车辆在行驶中车轮抖动、转向盘振动的现象，就需要对车轮进行动平衡检测来校正。如何对车轮进行动平衡检测呢？

（1）清除被测车轮上的泥土、石子等杂物。

（2）拆下旧平衡铅块，如图 19-14 所示。

（3）检查轮胎气压，如不合规定，则充气至规定气压。

（4）根据轮辋中心孔的大小选择锥体，装上车轮，用快速锁紧螺母将车轮锁紧在转轴上，如图 19-15 所示。

（5）安装车轮，快速拧紧锁紧螺母，如图 19-16 所示。

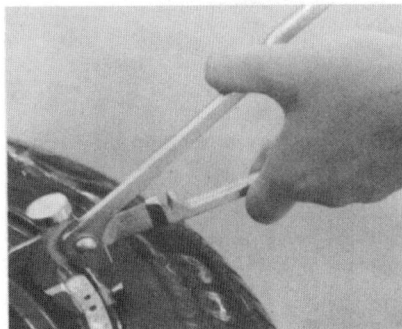

图 19-14　拆除铅块　　　　图 19-15　选择锥体　　　　图 19-16　安装轮胎

（6）用卡尺测量轮辋宽度、轮辋边缘至机箱距离，如图 19-17、图 19-18 所示。将宽度、距离及轮辋直径数据输入动平衡机。

图 19-17　测量轮辋宽度　　　　图 19-18　测量轮辋边缘到动平衡机的距离

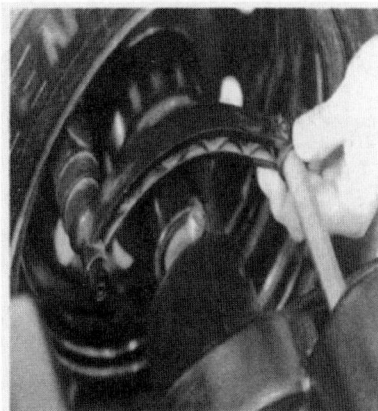

（7）放下车轮防护罩，按下起动键（有的是自动起动），车轮旋转，平衡测试开始，自动采集数据；运行几秒钟后，车轮自动停转（或听到提示笛声后按下停止键），车轮停转，从指示装置读取车轮内、外不平衡质量和不平衡位置信息。

（8）抬起车轮防护罩，用手慢慢转动车轮。当指示装置发出指示（音响、指示灯亮、制动、显示点阵或显示检测数据等）时停止转动。在轮辋的内侧或外侧的上部（时钟 12 点位置）加装平衡块。内、外侧要分别进行，平衡块装卡要牢固，如图 19-19 所示。

图 19-19　安装平衡块

（9）安装新平衡块后，按第（7）步重新进行平衡试验，直至不平衡量 <5g，或指示装置显示"00"时为止；测试结束拆下轮胎。

（三）悬架维护作业

1. 检查减振器

（1）目测减振器是否有凹痕、损坏、变形等情况，如图 19-20、图 19-21 所示。

（2）停车后用力往下按压汽车的一侧，若汽车摆动三四次，则说明减振器的减振性能已经很弱，需要更换。

图 19-20　减振器　　　　　　　　　　　图 19-21　检查减振弹簧

（3）检查减振器是否漏油，防尘罩是否有裂纹，油封是否有损坏，若有，则需要更换。

（4）检查减振器上方的连接螺栓是否按要求力矩紧固。

（5）拆下减振器检查是否发生活塞杆卡滞或推拉活塞杆。

（6）检查减振器没有阻力，则需要更换。

注意：减振器更换时只能整件更换，不能拆开维修。

2. 检查悬架装置

（1）检查左右摆臂及转向器外侧拉杆球头、拉杆球头上的防尘罩是否出现破损漏油现象。

（2）检查球头的摆动与转动是否流畅，或是否有松动现象。

（3）在轮胎气压正常、汽车空载状态下，观察汽车，如汽车左右不等高，则要注意检查前悬架螺旋弹簧是否有左右长度不等现象，如有上述情况发生，更换螺旋弹簧，如图 19-14 所示。

（4）检查橡胶件，如有损坏、开裂或老化失效情况，则应更换。

（5）检查前、后悬架装置，是否有损坏、松脱、车身倾斜情况。

（6）检查前、后悬架上弹簧座有无脱开、撕裂成其他损坏。如有损坏，应更换。

（7）检查悬架螺栓、各支架螺栓连接是否紧固。

（8）检查后稳定杆、纵臂等是否弯曲、变形、损坏，如图 19-22 所示。

(四)车架与车桥维护作业

(1)选择合适的扭矩扳手,使用前应清洁,进行校零,进行旋向检查,调整扭矩扳手到所需扭矩,再进行锁止。

(2)使用规定扭矩,逐一检查底盘螺栓,如图 19-23 所示。

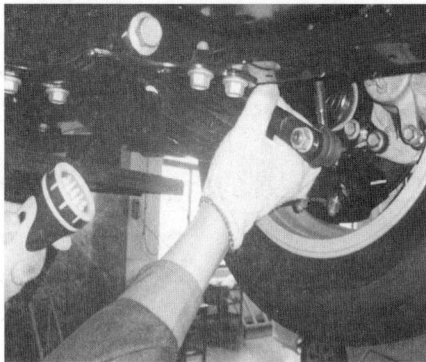

图 19-22 检查稳定杆

图 19-23 检查底盘螺栓

注意:查阅车辆维修手册获得各螺栓螺母的规定扭矩;螺栓如有松动需记录并按规定力矩拧紧;应尽量用力拉,避免冲击动作。

三、任务测试(工作页)

(一)资讯收集

1.填空题

(1)汽车的行驶系统主要由_____、_____、_____和_____组成。

(2)行驶系统与_____配合,提供汽车减速或停车所需的制动力,与_____配合,实现汽车安全转向行驶。

2.判断题

(1)减振器更换时只能整件更换,不能拆开维修。   (   )

(2)车辆在行驶中出现车轮抖动、转向盘振动的现象,就需要对车轮进行四轮定位。   (   )

(3)轮胎气压的检查可在停车后直接测量。   (   )

(4)汽车轮胎胎压过高或过低都会造成轮胎的异常磨损。   (   )

(二)计划决策

请各小组分工合作,充分考虑可行性、经济性、环保性要求,制订行驶系统检查维护方案。

（三）任务实施

请严格按维修手册的要求，完成表 19-1 中行驶系统的检查与维护。

实 施 记 录 表　　　　　　　　表 19-1

序号	实 施 步 骤	是 否 完 成
	一、检查与维护前的准备工作	
1	关闭点火开关，拔下钥匙	是☐　否☐
2	拆下低压蓄电池负极，使用绝缘胶带包好	是☐　否☐
	二、检查轮胎的外观	
	检查轮胎外观是否有石头、钉子和铁屑等硬物	是☐　否☐
	三、检查轮胎磨损程度	
1	目测轮胎表面是否有异常磨损	是☐　否☐
2	用花纹深度尺在不同地方多次检测花纹深度，看是否超出安全的花纹深度	是☐　否☐
	四、检查轮胎气压	
	用胎压表对准轮胎气门嘴读取数值，看是否在正常值范围内	是☐　否☐
	五、检查轮毂	
1	当举升车辆后，用双手握住轮胎的上下侧，来回扳动轮胎，多次检查轮毂轴承有无松动、摆动现象	是☐　否☐
2	来回转动轮胎，多次检查有无噪声、有无卡滞	是☐　否☐
	六、检查车轮动平衡	
	车辆在行驶中是否有车轮抖动、转向盘振动的现象。若有，就需要对车轮进行动平衡检测来校正	是☐　否☐
	七、检查减振器	
1	目测减振器是否有凹痕、损坏和变形	是☐　否☐
2	检查减振器是否有漏油，防尘罩是否有裂纹，油封是否有损坏	是☐　否☐
3	检查减振器上方的连接螺栓是否连接牢固	是☐　否☐

序号	实施步骤	是否完成
4	停车后用力往下按压汽车的一侧,检查减振器的减振性能是否减弱	是□　否□
5	拆下减振器,检查是否发生活塞杆卡滞或推拉活塞杆没有阻力的现象	是□　否□
八、检查悬架装置		
1	检查左右摆臂及转向器外侧拉杆球头及拉杆球头上的防尘罩是否出现破损、漏油	是□　否□
2	检查球头的摆动与转动是否流畅,或是否有松动	是□　否□
3	检查悬橡胶件是否有损坏、开裂,或老化失效	是□　否□
4	检查悬架螺栓、各支架螺栓连接是否紧固	是□　否□
5	检查前、后悬架装置是否有损坏、松脱和车身倾斜情况	是□　否□
6	检查前、后悬架上弹簧座有无脱开、撕裂成其他损坏	是□　否□
7	在轮胎气压正常,汽车行驶状态下,观察汽车左右是否等高	是□　否□
8	检查后稳定杆、纵臂等是否弯曲、变形和损坏	是□　否□
九、检查车桥与车架		
	根据规定力矩,逐一检查底盘螺栓	是□　否□
十、5S 管理		

(四)评价反馈

评价反馈见表19-2。

评 价 表　　　　　　　　　　　　　　　　表 19-2

评价项目	考核标准	完成效果				自评 (25%)	组评 (25%)	师评 (50%)
		优秀	良好	一般	需努力			
任务完成过程 (40)	作业前后的6S管理	5	4	3	2			
	对存疑问题点有所记录,在课堂上积极提问,并解决存疑的问题	5	4	3	2			
	成果报告	10	8	6	4			
	工艺卡(实施方案)	10	8	6	4			
	信息查询能力和工作页完成情况	5	4	3	2			
	工具设备选用、安装方法合理/正确,能处理完成任务过程中出现的突发问题	5	4	3	2			
任务质量 (30)	维护是否全面到位	15	8	3	2			
	能否解决顾客问题	15	8	6	4			

续上表

评价项目	考核标准	完成效果				自评 (25%)	组评 (25%)	师评 (50%)
		优秀	良好	一般	需努力			
团队协作 (15)	积极参与讨论、有协作精神、为其他同学提供帮助	5	4	3	2			
	在学习中提出独特的见解,帮助本组同学解决学习难题	10	8	6	4			
学习情况 (15)	出勤情况良好,无缺勤,无迟到、早退	5	4	3	2			
	课内外均有参与学习活动	5	4	3	2			
	遵守课堂纪律,有良好的行为习惯,无损坏设备	5	4	3	2			
合计								

教师建议:

学习任务20 检查与维护转向系统

学习目标

完成本学习任务后,你应当达到如下目标:

1. 通过查找相关资料,能正确叙述纯电动汽车转向系统的组成和作用;
2. 通过小组讨论,能制订检查与维护转向系统的方案;
3. 能正确使用安全防护用品,按技术标准对转向系统进行检查与维护;
4. 能在工作过程中,注重安全、环保、节约意识,为车主提供合理用车建议。

建议课时

6课时。

任务描述

一辆比亚迪e5纯电动汽车,车主反映转向沉重,作为技术员,请你根据维修手册及技术标准对其转向系统进行检查与维护。

一、信息收集

汽车转向系统是驾驶人用来保持或改变汽车行驶方向的机构。在汽车转向行驶时,转向系统要保证各转向轮之间有协调的转角关系。驾驶人通过操纵转向系统,使汽车保持在直线或转弯运动状态。转向系统是指挥车辆行驶时的重要系统,车辆在高速行驶时方向稍有偏差,就有可能造成交通事故,所以转向系统的维护检查工作格外重要。

如图 20-1 所示,电动助力转向系统由转向机(含转向轴柱和减速机构等)、电动机、转矩传感器、EPS 控制器等部件组成。EPS 控制器根据各传感器输出的信号计算所需的转向助力,并通过功率放大模块控制助力电动机的转动,电动机的输出经过减速机构减速增矩后,驱动齿轮齿条机构产生相应的转向助力。

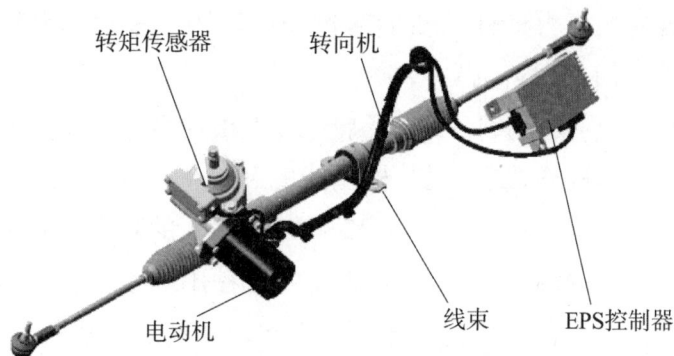

图 20-1　电动助力转向系统的组成

1. 转向机、转向柱轴、减速机构

转向机与传统的机械转向相同,在转动转向盘的同时,帮助驾驶人用力,以减轻驾驶人转向时的用力程度,达到使驾驶人开车时轻松、方便的目的。

如图 20-2a)所示,电动机、减速机构和转矩传感器都安装在转向柱轴上,转矩传感器为感应式电阻传感器。

减速机构通过蜗杆和蜗轮降低直流电动机的转速并将其传送到转向柱轴,蜗杆由滚珠轴承支承,以减小噪声和摩擦。

2. 电动机

EPS 系统采用的电动机为小型直流电动机,因此也称 DC 电动机,可以根据 EPS 控制器的信号产生转向助力。

如图 20-2b)所示,直流电动机包括转子、定子和电动机轴,电动机产生的转矩通过联轴器传到蜗杆,转矩又通过蜗轮传送到转向柱轴。

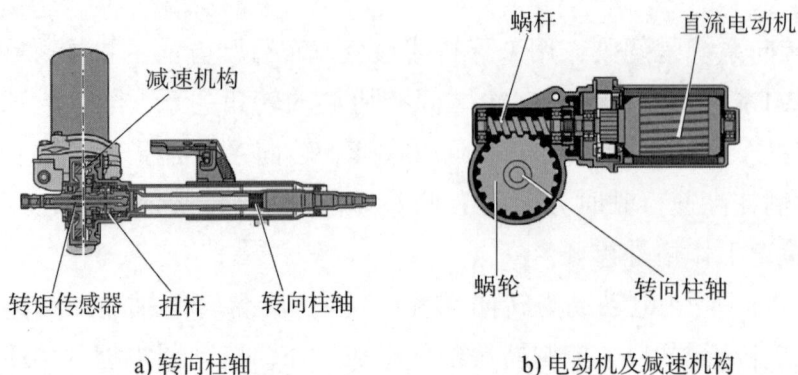

a) 转向柱轴   b) 电动机及减速机构

图 20-2　转向柱轴和直流电动机及减速机构

3. 转矩传感器

转矩传感器检测扭力杠杆的扭曲程度,转换为电信号来计算扭力杆上的转矩,并将信号传输给 EPS 控制器。

在输入轴上安装有检测环 1 和检测环 2,而检测环 3 安装在输出轴上,输入轴和输出轴通过扭力杆连接在一起,检测线圈和校正线圈位于各检测环外侧,不经接触可形成励磁电路。检测误差 1 和检测误差 2 的功能是校正温度误差,它们可以检测校正圈中的温度变化并校正温度变化引起的误差。

检测线圈通过对偶电路可以输出 2 个信号 VT_1(转矩传感器信号 1)和 VT_2(转矩传感器信号 2)。ECU 根据这两个信号控制助力大小,同时检测传感器故障。

(1)直线行驶时。

如果车辆直线行驶且驾驶人没有转动转向盘,则 ECU 会检测出转向盘的位置,不向 EPS 电动机供电。

(2)转向时。

驾驶人向左或向右转动转向盘时,扭力杆的扭曲就会在检测环 2 和检测环 3 之间产生相对位移,检测环可以把这个变化转换为两个电信号 VT_1 和 VT_2,并发送到 EPS 控制器。转向盘左转时,输出一个输出电压与助车转矩关系,如图 20-3 所示。输出电压低的电压,这样,就可以根据转向助力检测到转向方向,转向助力由输出值的量级决定。

4. EPS 控制器

EPS 控制器根据各传感器(包括车速传感器)发出的信号,起动转向柱上的电动机,提供转向助力。电控助力转向系统工作原理,如图 20-4 所示。

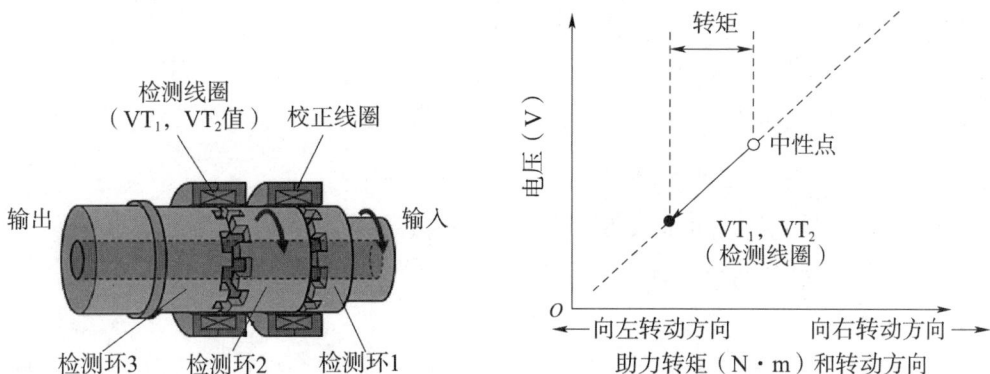

图20-3　转矩传感器(左)输出电压与助力转矩关系(右)

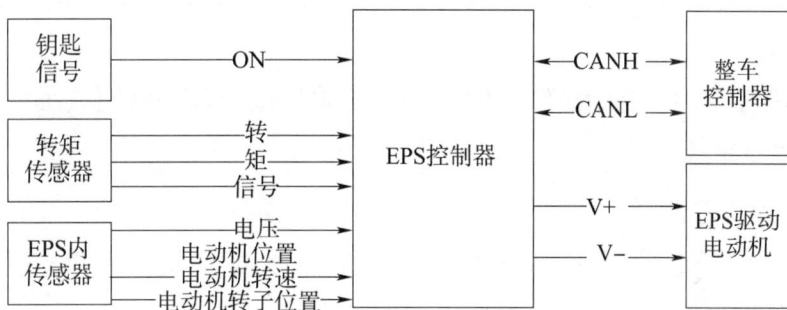

图20-4　EPS工作原理

(1)当整车处于停车下电状态,EPS不工作(EPS不进行自检、不与整车控制器VCU通信、EPS驱动电动机不工作);当钥匙开关处于ON挡,ON挡继电器吸合后EPS开始工作。

(2)EPS正常工作时,EPS根据接收来自VCU的车速信号、唤醒信号及来自转矩传感器的转矩信号和EPS助力电动机的位置、转速、转子位置、电流、电压信号等进行综合判断,以控制EPS助力电机的转矩、转速和方向。

(3)转向控制器在上电200ms内完成自检,上电200ms后可以与CAN线交互信息,上电300ms后输出转向故障和转向状态信息,上电1200ms后输出控制系统版本信息。

(4)当EPS检测到故障时,通过CAN总线向VCU发送故障信息,并采取相应的处理措施。

二、任务实施

在车辆检查与维护过程中,需要做好以下工作。

(一)准备工作

1.工、量具准备

(1)检修仪器:四轮定位仪。

(2)常用仪表:如轮胎气压表等。

(3)专用工具:如世达工具56件套、扭矩扳手等。

(4)其他物料:肥皂水、刷子、抹布、手电筒。

2.个人防护

(1)佩戴工作手套、工作帽。

(2)穿好工作鞋、工作服等。

(3)手腕、身上不能佩戴金属物件,如金银手链、戒指、手表、项链等物品。

3.车辆防护

在检查维护前必须做好车辆防护措施:车轮挡块、车内四件套、车外三件套等。

(二)注意事项

1.当处理电子部件时

(1)避免撞击电子部件,如EPS控制器和EPS电动机。如果这些部件跌落或遭受严重撞击,则应该更换。

(2)不要将任何电子部件暴露在高温或者潮湿的环境中。

(3)不要触碰连接器端子,以防变形或者因静电引起故障。

2.当处理机械总成时

(1)避免撞击转向管柱或者转向机总成,特别是电动机或者转矩传感器,如果这些部件遭受严重撞击,则应更换。

(2)当移动管柱或者转向机总成时,不要提拉线束。

3.当断开或重新连接连接器时

当断开或重新连接连接器时,必须确认钥匙置于OFF位置。

自由行程

最大自由行程

图20-5 检查转向盘自由行程

(三)操作步骤

1.检查转向盘自由行程

(1)将转向盘置于正前方位置,给转向盘周围施加5N的力。

(2)测量转向盘周围的自由行程,如图20-5所示。

小贴士

转向盘自由行程是指不使转向轮发生偏转而转向盘所能转过的角度。转向盘自由行程为≤7°，若无法实现≤7°的自由行程，则需调整转向器调整楔块，使转向盘行程符合要求。

注意：

（1）当车辆停止或低速行驶时，避免长时间连续转动转向盘；当转向盘处于极限位置时，避免持续长时间（约90s）不转动转向盘。

（2）移动转向器总成时不要提拉线束，当断开和重新连接插接器时确保钥匙置于OFF位置；不要将任何电子部件暴露在高温或潮湿环境中。不要触碰插接器端子，以防变形或因静电而引起故障。

（3）对转向系统（转向器、转向横拉杆、转向管柱等）进行操作时，在拆卸和安装过程中，转向盘必须在0°车轮直向前位置。

2. 检查转向盘有无松动和摆动，能否自由移动

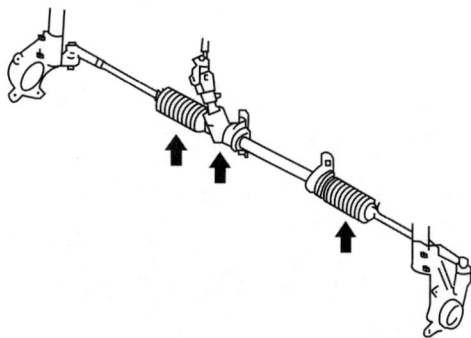

用双手握住转向盘上下晃动，检查转向盘有无松动和摆动；用双手握住转向盘左右移动，检查转向盘能否自由移动，如图20-6所示。拉动转向盘调节开关，检查是否可以随驾驶人的要求上下调整转向盘的高度，并锁止在需要的高度。

3. 检查转向器传动机构的工作状况和密封性

检查转向器传动机构的工作状况和密封性是否正常，检查前悬架、后悬架、转向器、转向横拉杆、转向管柱等相关部件是否松动或损坏，校紧各部螺栓，如图20-7所示。

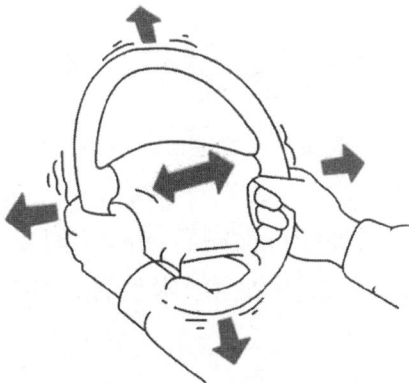

图20-6　检查转向盘有无松动和摆动　　图20-7　检查转向器传动机构的工作状况和密封性

4.检查转向盘及转向管柱有无变形与损坏情况

（1）转动转向盘，检查转向球节轴承工作是否正常，看其有无磨损、损伤情况。检查转向轴和轴承，是否有"咔嗒"声和损坏，如有"咔嗒"声和损坏，应更换新部件。

（2）目测检查轴是否损伤或变形。

（3）转动转向盘，目测插接器转动是否顺畅，是否有损伤及转动。

5.检查转向器本体连接紧固状态

（1）检查转向器壳体上是否有裂纹，并注意转向器上的零件不允许焊接或校正，只能更换。

（2）检查轴承及衬套的磨损与损坏，以及油封、防尘套的磨损与老化情况，并及时更换。

（3）目测检查转向器上有无漏油处，如有漏油，更换全部 O 形圈及密封垫。

6.检查转向横拉杆球头的间隙、紧固程度及防尘套

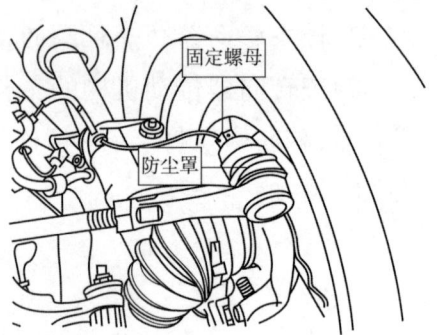

检查转向横拉杆球头的间隙、紧固程度及防尘套，需要按照下列步骤进行作业。

（1）举升车辆（车轮悬空），通过摆动车轮和转向横拉杆来检查间隙。

（2）检查转向横拉杆球头的固定螺母（图 20-8）是否牢固。

（3）检查转向横拉杆的防尘套（图 20-9）有无损坏和安装位置是否正确。

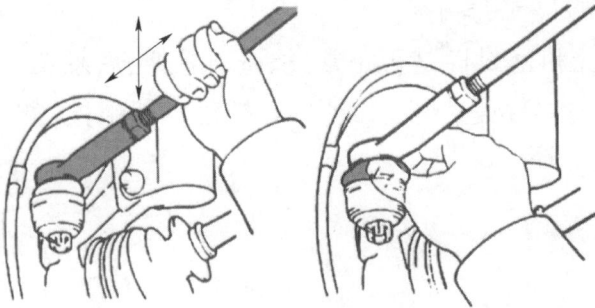

图 20-8　检查转向横拉杆球头的间隙、紧固程度及防尘套　　　图 20-9　检查转向横拉杆的防尘套

7.检查转向助力功能

在道路试车过程中，通过原地转向、低速行驶中转向，检测转向时转向盘是否有沉重、助力效果不足等故障。将转向盘分别向左右转动至极限位置，检测是否有转向盘抖动、转向器异响等故障。

8.路试检查

路试检查转向功能是否正常，有无噪声。

📖 **知识拓展**

　　在发生事故后,除了检查四轮定位之外,还应对转向盘进行完整的循环转动检查,此外还需目视检查转向器和转向横拉杆是否弯曲或产生裂纹,底盘及所有相关部件如减振器、转向节、摆臂、后桥、稳定杆以及其他紧固件是否发生变形。

　　9.检测电动助力转向系统主电源

　　检查电动助力转向系统主电源的主熔丝 FU06 供电是否正常,如图 20-10 所示,使用万用表测量 T5/4、T5/5,正常应为蓄电池电压,其中 T5/4 为搭铁,T5/5 为常电。

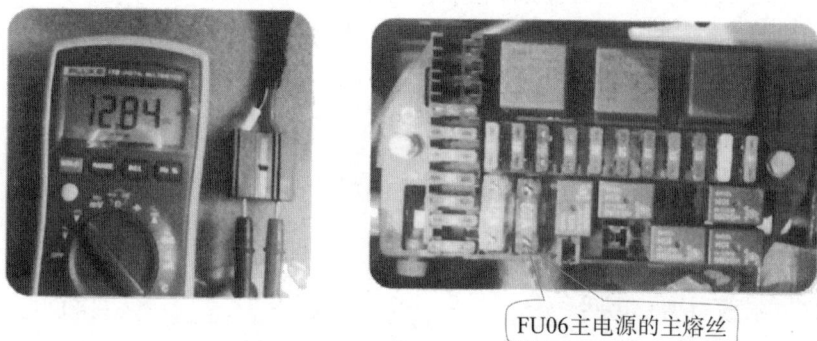

FU06主电源的主熔丝

图 20-10　检查电动助力转向系统主电源的主熔丝 FU06 供电情况

　　10.检测电动助力转向系统控制器 20 针插件供电及信号输入

　　将钥匙转动至 ON 挡,检查电动助力转向系统控制器 5 号脚电压与蓄电池电压是否一致,如图 20-11 所示。

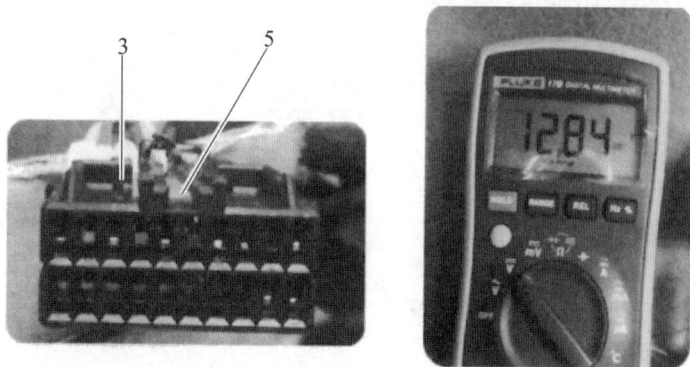

图 20-11　检测电动助力转向系统控制器 20 针插件供电及信号输入

　　检查 3 号脚车速信号线至整车控制器,用万用表电压挡测得数值应为 0.03 ~ 13.6V 范围内。如图 20-12 所示,检查 4 号脚 501 号线,使用万用表测量电动助力转向系统电机控制器输出电压为 5V,其中 5 号脚 504 号线转矩传感器搭铁。

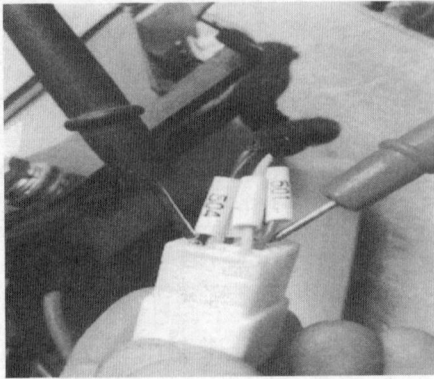

图 20-12　检查电动助力转向系统电机控制器输出电压

使用万用表检查 501 号线与 504 号线的电压,应为 (5 ± 0.1) V,若电机控制器没有 (5 ± 0.1) V 输出,则更换电机控制器。

三、任务测试(工作页)

(一)资讯收集

(1)转向系统主要包括_____、_____和_____。目前电动汽车常用的转向系统为_____,简称 EPS。

(2)电动助力转向系统(图 20-13)是由转向机(含转向轴柱和减速机构等)、_____、_____、_____等部件组成。_____根据各传感器输出的信号计算所需的转向助力,并通过功率放大模块控制助力电动机的转动,电动机的输出经过减速机构减速增矩后,驱动齿轮齿条机构产生相应的转向助力。

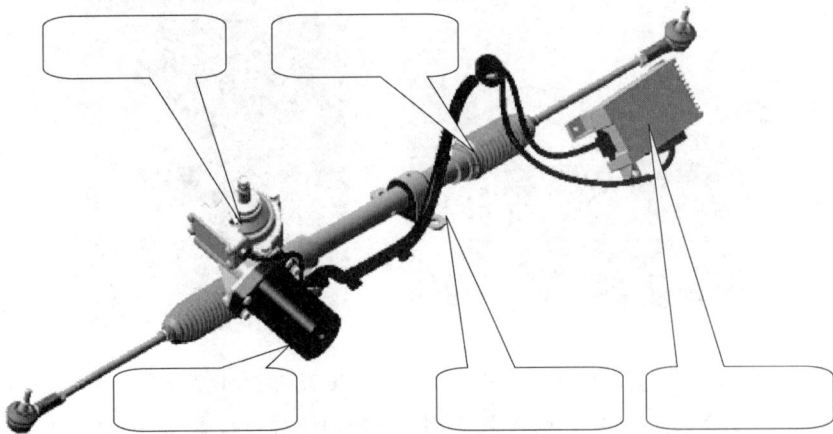

图 20-13　电动助力转向系统

(3)转向盘的自由行程是指_____的角度。转向盘自由行程为_____。

(二)计划决策

请各小组分工合作,充分考虑可行性、经济性、环保性要求,制订检查与维护转向系统方案。

(三)任务实施

请严格按维修手册的要求,完成表 20-1 转向系统的检查与维护。

实 施 记 录 表　　　　　　　　　　表 20-1

序号	实 施 步 骤	是 否 完 成
	一、检查与维护前的准备工作	
1	关闭点火开关,拔下钥匙	是□　否□
2	拆下低压蓄电池负极,使用绝缘胶带包好	是□　否□
	二、检查转向盘的自由行程	
1	检测方法:_____	
2	测量后,请记录_____	是□　否□
3	判断结果是否正常:正常□　不正常□	
	三、检查转向盘有无松动和摆动,能否自由移动	
1	用双手握住转向盘上下晃动,检查转向盘有无松动和摆动。 若有,请记录_____	是□　否□
2	用双手握住转向盘左右移动,检查转向盘有无自由移动。 若有,请记录_____	是□　否□
3	拉动转向盘调节开关,检查是否可以随驾驶人的要求上、下调整转向盘的高度,并锁止在需要的高度。若有,请记录_____	是□　否□
	四、检查转向器传动机构的工作状况和密封性	
1	检查转向器传动机构的工作状况和密封性是否正常。若有,请记录_____	是□　否□
2	检查前悬架、后悬架、转向机、转向横拉杆和转向管柱等相关部件是否松动或损坏。若有,请记录_____	是□　否□

序号	实施步骤	是否完成
五、检查转向盘及转向管柱有无变形与损坏情况		
1	目测转向球节轴承有无磨损何损伤情况。若有,请记录_____	是□ 否□
2	检查转向轴和轴承,是否有"咔嗒"声和损坏,如有"咔嗒"声和损坏,应更换新部件。若有,请记录_____	是□ 否□
3	转动转向盘,目测插接器转动是否顺畅,是否有损伤及转动。若有,请记录_____	是□ 否□
六、检查转向机本体连接紧固状态		
1	检查转向器壳体上是否有裂纹,并注意转向器上的零件不允许焊接或矫正,只能更换。若有,请记录_____	是□ 否□
2	检查轴承及衬套的磨损与损坏,以及油封、防尘套的磨损与老化情况,并及时更换。若有,请记录_____	是□ 否□
3	目测检查转向器上有无漏油处,如有漏油,更换全部 O 形圈及密封垫。若有,请记录_____	是□ 否□
七、检查转向横拉杆球头的间隙、紧固程度及防尘套		
1	举升车辆(车轮悬空),通过摆动车轮和转向横拉杆来检查间隙	是□ 否□
2	检查转向横拉杆球头的固定螺母是否牢固。若有,请记录_____	是□ 否□
3	检查转向横拉杆的防尘罩有无损坏和安装位置是否正常。若有,请记录_____	是□ 否□
八、检查转向助力功能		
	检测方法:在道路试车过程中,通过原地转向、低速行驶中转向,检测转向时转向盘是否有沉重、助力效果不足等故障,将转向盘分别向左右转动至极限位置,检测是否有转向盘抖动、转向机异响等故障。若有,请记录_____	是□ 否□
九、路试检查		
	路试检查,检查转向功能是否正常,有无噪声。若有,请记录_____	是□ 否□
十、检测电动助力转向系统主电源		
	检查电动助力转向系统主电源 EPS 主熔丝 FU06 供电是否正常,使用万用表测量结果:_____ 判断结果是否正常:正常□ 不正常□	是□ 否□

续上表

序号	实 施 步 骤	是否完成
十一、检测 EPS 控制器 20 针插件供电及信号输入		
1	将钥匙转动至 ON 挡,检查 EPS 控制器 5 号脚电压与蓄电池电压是否一致 使用万用表测量结果:_____ 判断结果是否正常:正常□　不正常□	是□　否□
2	检查 3 号脚车速信号线至整车控制器 使用万用表测量结果:_____ 判断结果是否正常:正常□　不正常□	是□　否□
3	检查 4 号脚 501 号线,测量 EPS 电机控制器输出电压 使用万用表测量结果:_____ 判断结果是否正常:正常□　不正常□	是□　否□
4	检查 501 号线与 504 号线的电压 使用万用表测量结果:_____ 判断结果是否正常:正常□　不正常□	是□　否□
十二、5S 管理		

(四) 评价反馈

评价反馈见表 20-2。

评 价 表　　　　　　　　　　　　　　　　　　表 20-2

评价项目	考核标准	完成效果				自评 (25%)	组评 (25%)	师评 (50%)
		优秀	良好	一般	需努力			
任务完成 过程 (40)	作业前后的 6S 管理	5	4	3	2			
	对存疑问题点有所记录,在课堂上积极提问,并解决存疑的问题	5	4	3	2			
	成果报告	10	8	6	4			
	工艺卡(实施方案)	10	8	6	4			
	信息查询能力和工作页完成情况	5	4	3	2			
	工具设备选用、安装方法合理/正确,能处理完成任务过程中出现的突发问题	5	4	3	2			
任务质量 (30)	维护是否全面到位	15	8	3	2			
	能否解决顾客问题	15	8	6	4			

续上表

评价项目	考核标准	完成效果				自评 (25%)	组评 (25%)	师评 (50%)
		优秀	良好	一般	需努力			
团队协作 （15）	积极参与讨论、有协作精神、为其他同学提供帮助	5	4	3	2			
	在学习中提出独特的见解，帮助本组同学解决学习难题	10	8	6	4			
学习情况 （15）	出勤情况良好，无缺勤，无迟到、早退	5	4	3	2			
	课内外均有参与学习活动	5	4	3	2			
	遵守课堂纪律，有良好的行为习惯，无损坏设备	5	4	3	2			
合计								

教师建议：

项目八　新能源汽车低压电器的检查与维护

学习任务21　检查与维护低压电器

学习目标

完成本学习任务后,你应当达到如下目标:

1. 通过查找相关资料,能正确叙述电动汽车低压电器及其功能;

2. 通过小组讨论,能制订检查与维护低压电器的方案;

3. 能正确使用安全防护用品,按技术标准对低压电器进行检查与维护;

4. 能在工作过程中,注重安全、环保、节约意识,为车主提供合理用车建议。

建议课时

6课时。

任务描述

石先生来到北汽4S店为爱车做定期检查与维护,作为维修人员,请你利用本学习任务所学知识,根据现场工作管理规范,完成电动汽车低压电器系统的维护工作,并向石先生解释电动汽车定期维护工作的重要性。

一、信息收集

(一)低压电器缩略词的介绍

电动汽车常用低压电器的缩略词见表21-1。

低压电器缩略词介绍　　　　　　　　　　表 21-1

名　称	简写	描　述
整车控制器	VBU/VCU	控制车辆运行
电池管理系统	BMS	高压电池包内高压板/低压板/单体采集板的总称,实现高压电池管理
电机控制器	INV	将直流电压逆变为三相交流,驱动电机
数据采集终端	RMS	后台记录 CAN 总线数据
空调压缩机控制器	HVAV	驱动和控制空调压缩工作
空调控制面板	AC Panel	空调开关/鼓风机风量调节/混合风门位置调节等
电动助力转向控制器	EPS	实现转向时电动助力
组合仪表	ICM	系统显示功能

(二) 整车控制器

整车控制器(图 21-1)为电动汽车的"大脑",用来协调各个零部件,使整车以最佳状态行驶。整车控制器功能见表 21-2 所示。

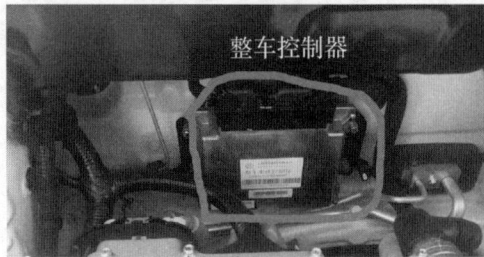

图 21-1　整车控制器

整车控制器功能　　　　　　　　　　表 21-2

序　号	整 车 控 制 器 功 能
1	驾驶人意图解析
2	驱动控制
3	制动能量回馈控制
4	整车能量优化管理
5	充电过程控制
6	高低压上下电控:上下电顺序控制/慢充时序/快充时序
7	电动化辅助系统管理
8	车辆状态的实时监测和显示
9	故障诊断与处理

序　号	整　车　控　制　器　功　能
10	远程控制
11	整车 CAN 总线网关及网络化管理
12	基于 CCP 的在线匹配标定
13	DC/DC 控制、EPS 控制
14	挡位控制
15	防溜车控制
16	远程监控

(三)电池管理系统 BMS

1. BMS 的组成

BMS 按性质分为硬件和软件,按照功能分为数据采集单元和控制单元。硬件包括主板、从板、高压盒、采集电压线电流温度等数据的电子器件,软件用来检测电池的电压、电流、SOC 值、绝缘电阻值、温度值,通过与 VCU、充电机的通信,来控制动力系统的充、放电。北汽 EV200 BMS 的组成如图 21-2 所示。

图 21-2　北汽 EV200 BMS 的组成

2. BMS 的作用

BMS 是电池保护和管理的核心,在动力蓄电池系统中,它的作用就相当于人的大脑。它不仅要保证电池安全可靠地使用,而且要充分发挥电池的能力和延长其使用寿命,作为电池和整车控制器以及驾驶人沟通的桥梁,通过控制接触器动力蓄电池组的充、放电,并向 VCU 上报动力蓄电池系统的基本参数及故障信息。

3. BMS 具备的功能

通过电压、电流及温度检测等功能实现对动力电池系统的过压、欠压、过流、过高温和过低温保护,继电器控制、SOC 估算、充、放电管理、均衡控制、故障报警及处理、与其他控制器通信功能等;此外电池管理系统还具有高压回路绝缘检测功能,以及为动力蓄电池系统加热功能,如图 21-3 所示。

图 21-3 北汽 EV200 BMS

(四)数据采集终端

北汽数据采集终端是由一根天线(图 21-4)和一个数据记录仪(图 21-5)组成的。

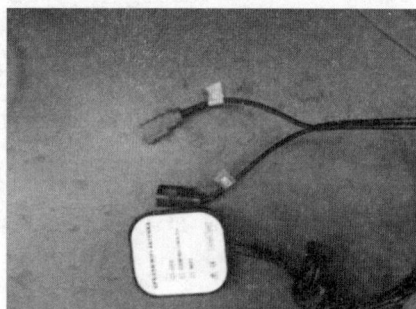

图 21-4 信号采集器天线

图 21-5 数据记录仪

数据采集终端的功能如下:

(1)能够与整车控制器通过 CAN 总线进行通信,服从整车控制器的控制命令,获取整车的相关信息。

(2)能够用 GPS 对车辆进行定位。

(3)能够将大量数据(最大 8G)存储到本地移动存储设备(D 卡)中。经存储的数据可由分析处理软件读取和分析。

(4)车载终端能够将信息按照规定的时间和数据量,以无线通信(GPRS)的方式发送到服务平台。

(5)黑匣子功能:车载终端将保存车辆最近运行一段时间的数据,为"黑匣子"提供车辆故障或者事故发生前的数据信息。

(6)盲区补传:车载终端支持在通信网络不畅情况下,自动将数据保存到采集终端内,待网络正常后,自动/人工将数据上传至服务平台。

(7)自检功能。当检测到 GPS 模块、主电源等故障时,会主动上报警情到监控中心,辅助设备进行检修。

(8)远程升级。支持远程自动升级功能,自动接收来自服务平台的升级指令完成软件升级,大大节省了维护成本。

二、任务实施

(一)准备工作

1. 个人防护

(1)佩戴工作手套、工作帽。

(2)穿好工作鞋、工作服等。

(3)手腕、身上不能佩戴金属物件,如金银手链、戒指、手表、项链等物品。

2. 车辆防护

在检查维护前必须做好车辆防护措施:车轮挡块、车内四件套、车外三件套等。

(二)操作步骤

1. 通过驾驶人操作台仪表盘检查各低压电动部件

(1)驾驶人操作台仪表盘外观检查:仪表盘、操纵杆、组合开关等无明显损坏、划痕、开裂、缩痕等。

(2)仪表盘初步检查(图21-6)。将钥匙转动至 ON 挡,通过电动汽车仪表检查控制系统自检功能是否正常,有无故障灯点亮。其次起动车辆后 READY 指示灯点亮,除驻车制动指示灯、安全带未系指示灯点亮,其他故障指示灯均不能点亮。

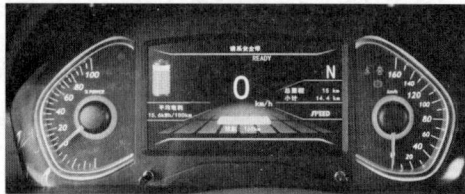

图21-6　仪表盘初步检查

(3)检查挡位(图21-7)。踩下制动踏板,用手前后拨动变速杆,变速杆在每个挡位间应有明显过渡感而且各挡位移动顺畅,仪表显示挡位与实际挡位应当一致;踩下制动踏板,变速杆拨至 R 位,检查倒挡灯应点亮,倒车影像、倒车雷达工作应正常。

(4)照明及信号检查(图21-8)。通过旋转灯光组合开关,检查示宽灯、牌照灯、转向灯、倒车灯、制动灯、后雾灯、紧急警告灯工作是否正常,检查仪表是否显示相应标识,检查组合开关各转换挡间有无明显阻尼感。示宽灯开启后,分别旋转仪表照明亮度调节开关,检查仪表屏幕亮度有无明显变化。检查远光灯、近光灯、前雾灯、喇叭工作是否正常。当开启近光灯时,调整灯光高低旋钮是否正常,有无相应的执行电机声,灯光位置相应上下移动,有无卡滞现象。检查仪表指示灯、仪表照明灯工作是否正常。

图 21-7 挡位检查

图 21-8 照明及信号检查

(5)车内照明灯检查。检查车内阅读灯、顶灯等是否工作正常。

(6)刮水器检查。旋转刮水组合开关,检查前刮水器各挡工作是否正常,刮水片刮水性能是否良好,喷淋装置工作是否正常;检查后刮水器及喷淋装置是否正常。

(7)检查电动车窗和电动后视镜、天窗。检查各门窗玻璃升降工作是否正常,玻璃升降有无异响、卡滞,左右后视镜四向调节功能是否正常,调节过程有无卡滞、异响现象,折叠功能是否正常,除霜功能是否正常。天窗开启、关闭功能是否正常,天窗滑动有无异响、卡滞。

2.检查低压蓄电池

检查电极桩有无氧化、有无渗液,电缆夹有无松动,检查蓄电池显示窗口是否为绿色。使用万用表测量蓄电池电压是否正常。

3.检查整车控制器

检查整车控制器的线束插头是否连接牢固,紧固螺栓是否达到正常力矩。

4.检查数据采集终端

检查数据采集终端的 RUN、CANI、CAN2、SD 指示灯是否点亮,插接件连接是否牢固,检查 SD 卡有无损坏,安装是否牢固,检查数据采集终端的螺栓安装是否紧固。

5.检查线束、搭铁点、插接件

检查线束固定点是否可靠,有无出现线束破损与金属件干涉现象,拧紧各搭铁点螺栓,检查插接件锁止卡扣有无松动、损坏现象。

三、任务测试(工作页)

(一)资讯收集

根据表 21-3 提供的信息完成简写及功能描述的填写。

低压电器缩略词介绍 表 21-3

名 称	简 写	描 述
整车控制器		
电池管理系统		
电机控制器		
数据采集终端		
空调压缩机控制器		
空调控制面板		
电动助力转向控制器		
组合仪表		

请按规范依次检查仪器,并将检查方法与检查结果填写在表 21-4 中。

工 具 检 查 表 表 21-4

检查仪器名称	检 查 方 法	是 否 正 常
防护用具		是□ 否□
检测工具		是□ 否□

(二)计划决策

请各小组分工合作,充分考虑可行性、经济性、环保性要求,制订检查与维护低压电器的方案。

(三)任务实施

请严格按维修手册的要求完成表 21-5 中低压电器的检查与维护。

实施记录表　　　　　　　　　　　　　　　　　　表 21-5

序　号	检查与维护步骤	是否正常
一、通过驾驶人操作台仪表盘检查各低压电动部件		
1	驾驶人操作台仪表盘外观检查	是□　否□
2	仪表盘初步检查	是□　否□
3	车外灯光信号检查	是□　否□
4	挡位检查	是□　否□
5	车内照明检查	是□　否□
6	刮水器检查	是□　否□
7	电动车窗和电动后视镜、天窗等检查	是□　否□
二、检查低压启动电池		
三、检查整车控制器		
四、检查数据采集终端		
五、检查线束、搭铁点、插接件		
六、5S 管理		

(四) 评价反馈

评价反馈见表 21-6。

评　价　表　　　　　　　　　　　　　　　　表 21-6

评价项目	考核标准	完成效果				自评 (25%)	组评 (25%)	师评 (50%)
		优秀	良好	一般	需努力			
任务完成过程 (40)	作业前后的 6S 管理	5	4	3	2			
	对存疑问题点有所记录,在课堂上积极提问,并解决存疑的问题	5	4	3	2			
	成果报告	10	8	6	4			
	工艺卡(实施方案)	10	8	6	4			
	信息查询能力和工作页完成情况	5	4	3	2			
	工具设备选用、安装方法合理/正确,能处理完成任务过程中出现的突发问题	5	4	3	2			
任务质量 (30)	维护是否全面到位	15	8	3	2			
	能否解决顾客问题	15	8	6	4			

续上表

评价项目	考核标准	完成效果				自评	组评	师评
		优秀	良好	一般	需努力	(25%)	(25%)	(50%)
团队协作 (15)	积极参与讨论、有协作精神、为其他同学提供帮助	5	4	3	2			
	在学习中提出独特的见解,帮助本组同学解决学习难题	10	8	6	4			
学习情况 (15)	出勤情况良好,无缺勤,无迟到、早退	5	4	3	2			
	课内外均有参与学习活动	5	4	3	2			
	遵守课堂纪律,有良好的行为习惯,无损坏设备	5	4	3	2			
合计								
教师建议:								

参 考 文 献

[1] 包科杰,徐利强.新能源汽车维护与故障诊断[M].北京:人民交通出版社股份有限公司,2017.

[2] 杨少波.汽车维护与保养项目化教程[M].北京:中国轻工业出版社,2016.

[3] 包丕利.新能源汽车维护与保养[M].北京:机械工业出版社.2017.

[4] 姜绍忠,阎文兵.汽车维护与保养[M].北京:机械工业出版社.2016.